LOCUS

LOCUS

LOCUS

LOCUS

touch

對於變化，我們需要的不是觀察。而是接觸。

touch 61

史丹佛大學設計學院創辦人教你：把成功變成習慣——
全球頂尖名校教授執教50年提出的10項人生忠告

The Achievement Habit: Stop Wishing, Start Doing, and Take Command of Your Life

作者：博納德．羅斯 Bernard Roth
譯者：譚天
責任編輯：邱慧菁
封面設計／Jacket Design：Thomas Both/Nina LoSchiavo
封面完稿：我我設計工作室
內頁插畫：Thomas Both（第112頁的拉頁及121頁除外）
法律顧問：董安丹律師、顧慕堯律師
出版者：大塊文化出版股份有限公司
台北市105022南京東路四段25號11樓
www.locuspublishing.com
讀者服務專線：0800-006689
TEL：(02) 87123898　　FAX：(02) 87123897
郵撥帳號：18955675　　戶名：大塊文化出版股份有限公司

總經銷：大和書報圖書股份有限公司
地址：新北市新莊區五工五路2號
TEL：(02) 89902588 (代表號)　　FAX：(02) 22901658
製版：瑞豐實業股份有限公司
初版一刷：2015年12月
初版十二刷：2021年7月

定價：新台幣350元
Printed in Taiwan

史丹佛大學設計學院創辦人教你

把成功變成習慣

全球頂尖名校教授執教50年提出的10項人生忠告

THE ACHIEVEMENT HABIT

Stop Wishing, Start Doing, and
Take Command of Your Life

Stanford d.school 共同創辦人暨學術總監
博納德・羅斯 Bernard Roth 著
譚天 譯

目錄

謹以本書記念羅夫・費斯德與比爾・摩格理吉
To the Memory of Rolf Faste and Bill Moggridge

前言
黃眼睛的貓

在班上同學中，派帝的點子不是最新奇、最大膽的。

他給人的第一印象是，這人一定出身軍旅，因爲他的行爲表現說明了一切——克制、隱忍，但舉手投足間自有一股懾人威勢。派帝早在七歲那年就進入北愛爾蘭的寄宿學校就讀，一路念到十八歲，之後進入英國皇家陸戰隊服役了十年。

民間生活讓他害怕，離開軍中以後，派帝很快在一家大公司找到一份記者的工作，從嚴律的生活作息中尋得安定。從事新聞工作的派帝，經常奔波於世界各地，爲英國廣播公司（ＢＢＣ）、美國的消費者新聞與商業頻道（ＣＮＢＣ）等公司工作。他後來告訴我：「其實，我也是個爲老闆賣命的上班族。」

我初次認識派帝的時候，他在史丹佛大學（Stanford University）念一個一年期的新聞人員在職進修班，他選修我教的一門課，課名爲「社會設計師」（"The Designer in Society"），意在鼓勵學生自我檢驗、從而掌控自己的人生。我在史丹佛當了五十二年的工程學教授，看過太多夢想著要自行創業、最終還是在矽谷的大公司裡安定下來，沒能邁步向前實現創業美夢的工程師。眞正能夠貫徹始終、實現人生抱負的人只占很小一部分，我希望能夠做點什麼來改變這種現狀。想要實現人生抱負，擁有才能與好構想，只是過程的一部分。下一步比較難：你必須動手做，爲自己的人生進行規劃，爲自己設計成功。

我在一九六九年創辦了「社會設計師」這門課，目的在鼓勵學生以不同方式思考如何達成自己的人生目標——要學生不再只是做著白日夢，而是眞正「起而行」。[1]在設計這門課程時，我使用一些我們現在稱爲「設計思考」（design thinking）的原則（這是個重要的觀念，我們將在後文中討論），還採用了一系列我認爲能夠幫助學生突破個人障礙的想法與練習，很多人其實是受困在自己親手建造的堡壘之中，這些想法與練習能夠幫助他們突破障礙。

這門課程的核心，是學生自行選擇一個長期的專題，做一件他們一直想做、但沒有做的事，或是處理一個他們人生中的重大問題。如果他們願意，可以先找我討論選項，但我會強調這是「他們」的題目，做這個題目爲的是「他們自己」，不是爲了我，而且要選擇什麼題目，最後必須由「他們自己」決定。我不會管他們專題做得夠不夠好、夠不夠大，我只根據他們是否「眞正做到」他們要做的來評分。只要他們眞正做到了，就能夠過關；沒有做到，就不能過關，當然也拿不到學分。

我的學生從這門課程學到一個最重要的教訓便是：人要對自己誠實，而且是徹底誠實。愈能了解自己的人，愈是快樂；在進一步了解自己的動機、知道自己是誰以後，你才能設法為自己設計出一個更好的人生，讓自己活得更滿足、更充實。

派帝在潛心思考後發現，雖然他在人生旅途中，無論去到哪個組織都能做得很好，但他從未眞正快樂過。部分原因是，他與主管、與他所屬的媒體組織一直感覺格格不入。他投身媒體，是因為這是他的專長所在，但這份工作同時也讓他感到憎惡、讓他心生叛逆，因為他想要的，是一些能讓他獲得更多滿足感的東西。在發現並接受這項事實以後，他開始採取行動。

派帝選的長期專題是：製作自己的電台節目。

與班上其他同學的選項相比，派帝發現自己的專題未必突出，畢竟從表面上看來，有些學生的專題遠比他的更刺激，例如有個學生計畫將自己從飛機上彈出來！有些學生的專題比他的更具創意，例如有個學生打算建造一枚火箭；有些則是更有雄心，例如有幾名學生為了準備參加生平第一次的鐵人三項，把自己的身體變成機器。

對派帝而言，策劃自己的電台節目是件大工程。他在事隔好一陣子之後，才覺悟自己爲什麼這麼想製作電台節目，因爲他當過電台記者，但沒有當過製作人。現在，有生以來，他頭一遭要在沒有人監督的情況下，用自己的構想做一些東西。對他而言，製作電台節目就像自行創業一樣，是一項大膽的選擇。

d.school：打開世界，看見可能

我現在在史丹佛大學哈索・普拉特納設計學院（Hasso Plattner Institute of Design）教這個班，大家通常將普拉特納設計學院稱爲「d.school」，它是全球最具前瞻性的幾個創意中心之一，我是創辦人之一，也是它的學術總監。這個設計學院的名聲已經很響亮，《華爾街日報》（*The Wall Street Journal*）稱它爲「最熱門的研究生學程」，報名參加的學生人數比我們招收的名額要多出許多。[2] d.school並不隸屬於任何特定系所，它讓許多領域的學生與教授齊聚一堂，創造一種鼓勵創意、發明與合作的環境。

這個設計學院爲學生帶來的好處是，可以開啓他們的世界，挑戰他們的自發性思維與假設，讓他們看見身旁無比龐雜與多樣化的可能性。我們在白板、便利貼、餐紙上書寫；我們嘗試做各種事，失敗了就再來一次，要是再次失敗，至少這次我們錯得漂亮一點。我們用過去可能從來沒想過的方式把事情做好，並在過程中進一步了解自

己與他人。

多年來，許多上過我這門課的學生發現，這門課能夠幫助他們在人生旅途中成就個人與專業上的輝煌。多年來，我也以這門課講述的概念爲基礎，在全球各地舉辦研習會。我們對自己人生成就的主控權，比我們以爲的大得多，了解這點能讓我們重新審視自己的人生與生活方式，如果你對人生的某個面向感到不滿意、不快樂，你可以改變它——眞的，你眞的可以！

在我的班上，學生設計並製造樂器、家具、車輛與服飾。他們寫書、寫詩、作曲。他們開各式各樣的飛機，還從飛機上跳下來。他們表演現場脫口秀，還去賽車。他們學習烹飪、焊接、經營酒吧、新的語言，還學習如何拯救人命。他們與父母、兄弟姐妹、朋友重修舊好，或是完成馬拉松賽事、減肥，還進入不毛之地探險。

好些學生設計的專題讓我看得激動不已，其中一位名叫喬爾的學生，在父親因主動脈瘤突然辭世前兩個月，與父親重敘父子親情。事隔三十年後，我每次見到喬爾、他的妻子或他的子女，仍會禁不住喜悅，熱淚盈眶。

辛蒂的專題是另一個感人的故事，她父親年輕時騎摩托車出過重大車禍，所以一直禁止她騎摩托車。自然而然，辛蒂想要騎摩托車，她決定買一輛摩托車，把學騎摩托車當作她的專題。在上了這門課幾個月之後，曾經教過辛蒂素描的比爾，有一天站在他位於帕拉奧圖（Palo Alto）的設計工作室門前，看到她騎著一輛摩托車呼嘯而至。她問他，想不想一起出去兜個風？比爾跨上車，以爲辛蒂說的是在街角轉一圈，但在四十五分鐘之後，兩人來到海灘。那是二十八年前的往事，這兩人現在有三個已經成年的子女。

我班上還有另外一位女生克服對水的恐懼，學會游泳。我在幾個月後碰到她，她告訴我，學會游泳讓她勇氣倍增，現在她在學義大利文。幾年後，她考到幾張專業訓練證書，得以改變自己的職涯領域，這一切都因爲她把成功變成了一種習慣，不斷從中獲得衝勁與啓發。

她與其他學生不僅在班上、也在他們畢業以後的人生旅途中證明一件事：成就是可以學習的，它就像肌肉一樣，一旦我們學會如何控制，就可以實現各種人生目標。

你，就是自己最大的敵人

在向一群人講課時，我喜歡做一件事，就是要他們想一想，是誰阻止他們、讓他們無法做到自己想做的事？他們會告訴我：是父母、配偶、子女、同事、老闆等，這些人是如何從中作梗，讓他們無法做到自己想做的事。聽他們說這些話，眞的很有意思。他們所謂的「障礙」，其實只是「藉口」；幾乎在每一個案例中，只要眞正深究就會發現，讓你無法做到自己想做的事的人，其實就是「你自己」。

沒錯，重大的外部障礙有時的確存在，但大多數人並不了解自己有克服它們的力量。某次我主持求職面試，有位應試者告訴我，她與男友在揚帆周遊世界途中碰上海盜。當時，他們兩人的船停靠在印尼海岸外，她在船上做日光浴，她男友離船進城辦事。突然間，她聽到一陣喧譁，看到幾名全副武裝的男子登上他們的船。他們把槍口對準她，要她把錢交出來。當時她形單勢孤，又沒有錢，但極力保持鎮定，讓這群海盜相信船上那罐奶粉很値錢，可以用來抵現金。她訴諸他們的父親本能，知道海盜們欠缺奶粉，可能迫切需要一些奶粉來餵養孩子。結果，海盜們收了她的奶粉，感激地離去，她與船隻都毫髮無傷。聽完她這套獨特的解決辦法，我對她的冷靜與急智佩服不已，當場便雇用她。

在絕大多數的時間，我們並不會碰上海盜。我們做不到，只能怪我們自己。

爲了證明這一點，我上課會徵求一名學生當志願者走到教室前面，等到他在我面前站定以後，我會拿起一瓶水或其他東西說：「請你試著把它從我手中取走。」學生們通常會伸手來扯這瓶水，由於我年紀較大、看起來較弱，他們起初都會有點猶豫，只是試探性地輕扯，但後來發現我緊握不放，就會開始用力，最後我會要他們停止。

然後，我會要他們仔細聆聽我的下一道指令。這次，我說：「請你從我手中取走這個瓶子。」他們採取的行動，基本上和之前的一樣，但這次變得比較用力一點，或許還加了點扭力。有時，他們會變個法子，要我把瓶子交給他們，但我總是拒絕。

最後我會問：「你有沒有弟弟、妹妹或表弟、表妹？」我要他們假想我就是那個人，我們都是孩子，而且父母不在身旁。不僅如此，我還要他們假想我已經把他們惹火，所以他們決定一不做二不休，一把搶走瓶子。然後，我會重複指令：「從我手中取走這個瓶子。」

聽從我指令行事的學生，這時就會一把從我手裡奪下那個水瓶，讓我連抵擋的時間都沒有。他們這迅雷般的一擊來得又猛又快，和之前的那種欲行又止、畏縮試探般的嘗試有如天壤之別。比較有趣的是，他們這次成功一擊所使用的力道，通常比前幾次嘗試的都還要輕。

動手做，讓過程變成一種獎賞

我用這個小示範來告訴學生，當你在「做」的時候，你用的是「力量」（power）；當你只是「嘗試」，你用的是「力道」（force）。在人生旅途中，如果你想要完成什麼，善用你的「力量」會比使用「力道」要強得多。

當然，在眞實人生中，懂得掌握這其中的技巧，並沒有那麼容易。我們都曾有過下定決心要做一些事、結果卻做不到的經驗，例如新年新希望、保持運動的習慣、忠誠、不拖延期限、改變工作習慣等，這還只是隨意舉幾個例子而已。想要落實這種轉型，我們必須先了解自己的行爲。經典模式與通俗智慧說，我們首先得把事情想通，然後根據我們的想法行動；有趣的是，臨床試驗的實際情況並非如此。

將人腦各部位磁振造影（ＭＲＩ）訊號的局部型態解密之後，臨床醫師發現，大腦在有意識形成應該如何行動的實際思考以前，會先釋出行動的動作訊號。你會做你想要做的，做了之後再爲自己的行爲找理由，而且人類的行爲主要是習慣、而非推理的結果。這樣一來，就導致了一個問題：該如何跨越「嘗試做」與「眞正做」、「嘴巴說要做」與「實際動手做」，甚至是最後「成」「敗」之間的差距？

在這本書，你會讀到一些故事、建議，以及可以幫助你開創不同人生經驗的習題。相信各位都能同意，經驗始終是我們眞正的導師。我們在史丹佛大學創辦d.school之初，就決心創造經驗，讓學生應對眞人、解決眞正的問題，從而改變自己的人生。成果美不勝收；學生獲得一種使命感、一種主控意識、一股來自內心的動機。神奇的事出現了！成績不再是一種有用或有意義的誘因，發自內心的動機主導一切，工作本身成爲獎賞。

看完這本書，你會了解：

- 爲什麼「嘗試」並不夠，「嘗試」與「動手做」是非常不同的兩件事。
- 爲什麼找藉口——就算是很有道理的藉口——也是在自我欺騙。
- 如何改變你的自我形象，讓自己成爲一個行動派、一個做事的人，這點很重要。
- 如何善用語言、巧妙地做一點變化，解決實際存在的困境，幫助自己突破行動障礙。
- 如何持續加強你的「行動」、而不是你的「成就」，來建立更強的韌性。這麼做能夠鍛鍊你的彈性，幫助你迅速從一時的挫敗中恢復。
- 如何訓練自己忽略分心事物，因爲分心會讓你無法達到目標。
- 如何敞開心胸，從你自己和周遭人的經驗中學習。

人心比我們想像的更詭譎，它總是與我們的自我串通一氣、想方設法破壞我們的雄圖壯志。人類就是這樣的動物，但我們總是可以「選擇」用心留神，刻意培養一些良好的習慣，讓人生更加美好。

這本書以設計思考的傳統爲理念基礎，其他設計人喜歡將設計理念運用於組織性的創意與改變，[3]我則著重在個人的轉型與自主性上面。史丹佛設計學院是這項設計思考運動的先驅，身爲 d.school 創辦人之一的我，長期見證來自教育界、產業與政府等各方人士的密切關注。

有本書很不錯，書名是《經過調適的美國人》（*The Adjusted American*），[4]這本社會學佳作雖然出版年限已久，現在看起來似乎有些過時，但它爲一般美國人的日常神經官能症狀提出解說。書中說了一個很好的故事，故事主角是作者三歲大的兒子，他只見過兩隻貓，兩隻都是有藍眼睛的暹羅貓。一天，他家附近來了一隻波斯貓，小男孩在院子旁的人行道上蹲下身子，仔細打量。然後，他突然跳了起來跑回家中，一邊大叫：「媽咪！我看到一隻黃眼睛的貓！一隻黃眼睛的貓！」

邂逅另一品種的貓，爲這個小男孩的一小段世界觀，帶來永久性的改變。其實，我們對世界的許多成見，也只是因爲我們擁有的現實樣本有限。我衷心希望，這本書能夠爲你的世界帶來「黃眼睛的貓」。

新的派帝，新的你

「黃眼睛的貓」已經走入派帝的世界。在上這門課以前，他從不自認是個敢於創新或富創造力的人。就較爲一般人接受的意義而言，他算得上小有成就，他當過陸戰隊軍官，投入新聞工作後也做得很好，但他並沒有任何屬於自己、突破性的「個人」成就。他只是順著他人開創的途徑，將自己的份內工作做好而已。他在我的班上學會了一件事：當新的構想出現時，不要躊躇退縮，也不要輾轉拖延，要起而行動。我們稱這種省悟爲「行動偏見」（後文會再討論），他就憑藉著這個小小的省悟，改變了自己的世界觀，在兩年間進行了好幾項人生的新嘗試。他爲電台節目《市場》（*Marketplace*）創作了幾項新產品，出版了一本名叫《金融市場這樣比喻你就懂》（*Man vs. Markets*）的經濟學書籍，完成一本過去半途而廢的小說，還準備自行創業。

在離開 d.school 三年後的今天，派帝躍出驚心動魄的一步，捨棄當員工的安穩，衝向自己當老闆、無限廣闊的未知世界。他內心某處對這個念頭也曾驚恐萬分、高聲制止，但另一處卻用他從這門課學到的方法與技巧，叮囑他步步爲營，開創自己的構想，要信任設計思考過程與自己。

各位也可以這麼做。在讀這本書的過程中，你會發現自己在解決問題時變得更有效率、更能專注在關鍵事物上，對自己的人生也會更覺滿意。你一直都擁有這股能夠改變人生的美好「力量」，本書能夠打開你的眼界，發現你所擁有的這股力量。它能爲你帶來信心，讓你拋棄自我加諸的種種枷鎖，發揮全部潛能，做到你一直想做、卻始終做不到的事。這種掌控人生的經驗，能夠改變你的現實，讓你做到幾乎任何你眞心想做的事。

■什麼是設計思考？

所以，這個叫做「設計思考」（design thinking）的東西，到底是什麼？

「設計思考」是我們一群人爲了有效解決設計方面的挑戰，多年來研發而成的一套通用做法。設計挑戰幾乎適用於任何產品或體驗，它涉及的範圍不僅包括如何打造一個更好的捕鼠器（儘管這是它的部分內容），還包括那些非有形的事物，例如如何縮短一處熱門遊樂園的排隊等候時間、如何清理一條公路、如何更有效地讓需要者取得食物，以及如何改善線上約會的效果等。

「設計思考」是一種不定型的概念，爲它取下這個名字的人是大衛·凱利（David Kelley），他也是史丹佛大學教授與IDEO創意設計公司的共同創辦人。他在解釋成功的設計人有一種與大多數人不一樣的心態與做法時，提出了這個名詞。在史丹佛d.school，我們每個人都接受並因應這套概念，它也因此成爲一飛沖天的顯學。突然間，每個人都在討論這個新概念，「設計思考」，一個我做了半個世紀、卻一直找不到適當名稱的東西。

不過，想爲「設計思考」下一個確切定義很難，但因爲我是它的「發明人」

之一，所以能爲你解說它的原則，我們也將在本書詳加討論這些原則：

1. **同理心**。這是「設計思考」過程的開端，當你設計時，基本上你並不是爲自己而做，你心裡想的是其他人的需求與欲望。無論你設計的是更好玩的雲霄飛車，或是更舒適的醫院候診體驗，重點是你必須考慮使用者經驗，想出如何幫忙的辦法。在走這一步的時候，你要了解自己面對的是什麼議題。
2. **界定問題**。[5]抽絲剝繭釐清你要解決的問題，或是有意答覆的疑問。
3. **發想**（ideate）。用你喜歡的辦法，找出可能的解決之道。你可以進行腦力激盪、畫心智圖、在餐巾紙上塗鴉……怎麼做對你最有效，就那麼做。
4. **實作**。先做一個原型，你不必絞盡腦汁想要做得十全十美，就算一點都不完美也沒關係，先以實體形式打造一個你想做的東西，或是訂定你準備實施的計劃。
5. **測試並收集反饋意見**。

雖然我列了這套原則，但絕大多數事情進展不會這麼條理分明，也沒有一定的先後順序。你可能走到第四步，才發現還得先返回第二步，或是發現自己必須重複第三步好幾遍，這是「設計思考」過程的必然現實。此外，「設計思考」還有一項重要的概念，就是：失敗往往是這項過程中彌足珍貴的一部分。小羅斯福（Franklin D. Roosevelt）總統曾經說過：「世界上只有一件事值得害怕，就是害怕本身」，而我要說，唯一一件讓人害怕的事，就是不能從你的錯誤中學習，因爲只要能夠從失敗中記取教訓，最後找出解決之道，失敗次數再多也沒關係。

我們也專注於行動，我們強調起而行，不是一味思考。我們開了一個叫做「發射台」（Launchpad）的班，由教授帶著班上學生在十週內創辦自己的公司，十週結束後，學生就可以自創營收了。或者你也可以上傳統商學院受訓，花一年的時間思考、籌劃，然後展開實際行動。

「設計思考」非常注重群體，我們採用「根本合作法」（radical collaboration），群體成員不分背景與專業，一起合作解決問題，無論教授或學生都必須合作無間。

「設計思考」一般是用於外的，爲的是在一種商業或學校環境中，爲其他人的問題提出解決辦法。但我的工作和這本書不大一樣，我特別重視用它來改善個人生活與人際關係，為自我設計出最好的版本。

我教的許多東西，雖然都以這個架構為基礎，但也不盡然如此。這本書列出許多練習題，提供各位嘗試。我的看法是，你可以選擇你認為對自己有用的東西，朝你願意嘗試的方向做做看。有時我認為某人「做錯了」習題，最後卻發現他獲得我始料未及的成果，所以我非常相信「只要管用就是好辦法」這句話。

大概就是這樣的精神，我們開始吧！

NOTHING

is what you think it is

1 拋棄舊思維，一切與你想像的都不一樣

在我看到我要說的以前，我怎麼可能說出我在想些什麼？
——愛德華・福斯特（E. M. Forster），二十世紀英國小說家

你的人生沒有意義。

我說這話的用意，不是要你就近找個大橋跳下去；事實上，我這麼說是經過一番深思的。首先，且讓我們承認一件事：我們在人、事物，以及我們本身環境中找到的意義都是主觀的。這些事物本身並沒有固有的意義，我們根據自己創造的意義做成選項，正常與不正常的行為都是這些選項的結果。這同時也意味，我們有能力改變我們的認知，修正那些把我們拉下水的認知，加強那些對我們有幫助的認知。你對人生的看法，與你日後會不會成功息息相關，那些總是怨天尤人、大吹法螺的人也能夠成就一些事，只是他們終究還是過得不快樂。這不是成功；成功是做你愛做的事，而且做得很快樂。

想學會如何更妥善駕馭你的認知、情緒與行為，觀察一下自己是如何思考的很有

幫助。

你爲每一件事物賦予意義

麥克是史丹佛大學我班上的研究生，他計劃設計一項樂器參加那年夏天的「火人祭」（Burning Man festival），做爲他的專題。每年九月的第一個週一是美國的勞動節，火人祭會在前一週於內華達州的黑岩沙漠（Black Rock Desert）舉辦，其中最搶眼的就是節慶參與人創作的大型藝品、機器與各項展品。麥克之所以動念、想在我的班上做這個專題，是因爲我們都是火人祭的參與人。他打算做一個經久耐用、啓動方式極其獨特的管風琴：它有一個小鍋爐，加火燃燒產生蒸氣，再將蒸氣導經不同管子來產生音樂。

在我看來，這個專題似乎過於恢宏，但眼見麥克那麼興高采烈，我沒有潑他冷水。我們訂了一項協議：他每週必須來看我一次，報告他的進度。

一開始，他來看我的時候總是找些藉口，卻提不出什麼進度。這種情況沒多久就讓我不耐煩，因爲這樣的會面是在浪費我們兩人的時間。於是，我告訴麥克，除非他有什麼需要見我的理由，否則不必每週報到，等到最後有結果再來找我就行了。

火人祭終於到來，我遵照預定時間，來到麥克在火人祭的營地。與我同行的，還有我的火人隊友安德列與史蒂夫，兩人都是非常高明的工程師，也都渴望一睹麥克最後出爐的作品。然而，麥克的作品展示會弄得慘不忍睹。他顯然沒有完成，而且在示範過程中，他的琴要不運作得很差，要不就是根本無法運作。麥克羞慚不已，我很窘，安德列與史蒂夫也爲他感到臉紅。如果當時現場有人徵才，要我評估麥克的能力，我得要昧著良心才能向這個人推薦麥克。

時光匆匆流逝，倏忽三年已經過去。地點仍在火人祭的會場，我和安德列與史蒂夫一起觀賞「火燄蓮花女」（Flaming Lotus Girls）組織表演的一場舞蹈。與這場舞蹈搭配展出的，是一座做得活靈活現、叫做「蟒之母」（Serpent Mother）的動態雕塑。蟒之母是一座長達一百六十八英尺的金屬雕塑，內容講述一條只剩骸骨的巨蟒環守著牠的蛋。有四十一個火燄噴射器安裝在這條巨蟒的脊椎骨頂端，噴出丙烷火射到二十英尺的空中，然後灑落在牠的脊椎上。蟒之母的頭部和下顎可用油壓操作。就像在場其他幾千名觀衆一樣，我們三人也站在那裡，看得目瞪口呆，久久無法回神。大家都認定，這是火人祭迄今爲止最讓人嘆爲觀止的展品。我們又看了一陣子，之後才依依而去。

隔了幾個小時之後，我一個人回到現場。此時，那些舞者都已經走了，觀衆也稀疏了許多，所以我能夠貼近身子，觀察蟒之母的細部做工。我內心身爲機械工程師的本能，對連接頭骨的那些關節好奇不已。我向現場一名工作人員詢問它的結構，他說他不知道，但「在那邊握著控制器的那個人，他什麼都知道。」我抬眼一望，看到麥克。我朝他走過去，毫不猶豫地和他擁抱了一下，開始交談。

原來，麥克是「火燄蓮花女」組織非常重要的人物，他們以吸引更多女性加入創客（maker）文化爲宗旨，那是一種融合雕塑、動力學、機器人學、煙火製造術與電子科技的一種文化現象，運用合作過程啓發參與人，讓參與人學習新技巧，成爲積極行動的藝術家。麥克的成就顯然讓我十分感嘆。

火人祭活動結束後，我在車程八小時的返家途中，慢慢咀嚼這段經歷。我還記得當年麥克那個專題如何讓我窘到不行，又想到現在他的新成就讓我多麼地以他爲榮。根據之前的經驗，我對他的能力評價不高，但如果現在有人問我，我會毫不猶豫地大力舉薦麥克。現在的麥克，顯然不是我當年心中的他，而他的故事比我想像的自必更加曲折、複雜得多。

之後，他寫了一封信問我：「我已自贖前衍，對嗎？」我笑得合不攏嘴。對，對極了。

了解一個人，往往是一輩子的事。有時變好，有時變壞，人總是在變，而我們也都有重塑再造的能力。我不知道麥克在上我的課的那段時間過得怎麼樣。我猜想，他只是個外務過多、不能專心致力於學業的典型學生而已。在那段時間，我眼中的他就是那個樣子；僅僅根據那個專題帶來的印象，我把他打成了一個懶學生，那就是我爲他下的定義。我沒有停下來仔細思考，或許他也有偉大之處。

對我而言，這是個明確的教訓：一切與你想像的都不一樣；你爲每一件事物賦予意義。

我的女兒沒有意義

我在班上做了一個練習，我在教室裡面走來走去，要學生舉出他們生活中的一件事物，任何事物都可以。然後我要他們說，那件事物沒有意義。我的用意是在向他們顯示，意義並不是一件物品或一個人與生俱來的東西。舉例來說，在輪到我的時候，我可能說我這份工作沒有意義，下一個人可能說他的老婆沒有意義，再接下去，又有人說設計學院沒有意義，他們的鞋子沒有意義，他們的襯衫沒有意義，他們的頭髮沒有意義，他們的體重沒有意義，他們的腳踏車沒有意義，他們的數學能力沒有意義……等。從微不足道的小事到看起來很重要的大事，他們都不怎麼心甘情願地說著同樣的話：某某人、某某事本身沒有意義。

之後，我讓全班學生一起列舉一串他們認爲沒有意義的事物，這麼一來，沒有人聽得見特定一人說的是什麼，而且每個人都同時開口，說出對自己沒有意義的東西。教室頓時鬧成一團，但也充滿樂趣。這一片吵雜與混亂，讓大家拋開一切束縛，想說什麼就說什麼。他們大聲說出自己原本珍惜的那些人事物沒有意義，而且絲毫不覺得丟人現眼。

即使你一人獨處，仍然可以做這個練習。大聲說出你認為沒有意義的事物，就算是自言自語，也很能夠讓人釋放。

輪到你了

做幾次深呼吸，閉上眼睛幾分鐘，然後睜開雙眼，一件件地環視室內各個物件。每當你注意到一個東西時，說出它沒有意義，例如：「這把椅子沒有意義。」然後，想著你的家人，想著出現在你人生中的人，還有你珍惜的東西，例如你迄今最大的成就、你最值錢的財物等，對每個人事物說它沒有意義。當你都說完以後，靜靜的坐個幾分鐘，回想一下這段經驗。

我的同事雪莉發現，要她說她女兒沒有意義很難。她的女兒當然有意義，但雪莉為她女兒賦予的意義並非命定的。有些母親會拋棄她們的女兒，有些母親會殺害自己的女兒，有些母親會鄙視、嘲弄自己的女兒，但也有母親對女兒呵護備至。母女關係以及母親爲這段關係賦予的意義種類繁多，不勝枚舉。

做這個練習的目的，不是要做的人改變他們的關係；事實上，它的用意在於讓做的人了解，他們爲一切關係賦予的意義，都是他們「自己」選定的，做的人一旦認清了這一點，之後對人生的掌控，將比過去更加得心應手。做過這個練習的人，往往更能了解一個人或一件事物對他們的重要性（前述的雪莉就是一個很好的例子，在做完這個練習以後，她比過去更珍惜自己與女兒的關係了），他們也發現自己能夠改變這個人或這個事物對自己的意義。

舉例來說，努力做一件事，最後卻以失敗收場，一開始總是令人痛苦，但除非你認爲這是世界末日，否則事實上沒有那麼嚴重。我同事喬吉斯在兒子因失戀自殺以後，整個人變得萬念俱灰。失戀這種事，原本可能只需要短短一段時間就能埋葬在記憶裡，但這位年輕人放不下，把它放大爲攸關生死的大事。無須贅述，這件事無論就事件本身，或是就當事人的缺乏省思而言，都是一樁悲劇。但缺乏這種省思的人很多，只是一般而言規模沒那麼大罷了，而且要我們退一步看清自己並不容易。

一旦你了解自己可以選擇對事物賦予什麼意義與重要性之後，你同時也會了解，決定自己人生品質的是你自己，並不是外在環境。

世上沒有永久紀錄這回事

我這輩子發生過許多事，它們在事發當時儘管似乎可怕，現在回想起來卻能讓我捧腹，相信大多數人的情況也像我一樣。就我記憶所及，最早一次這樣的事件，發生在我小學四年級時。那一天，我在學校樓梯間製造噪音，一位老師聽到以後對我說，會把這件犯行記錄在我的「永久紀錄卡」上。我嚇壞了！也相信這項紀錄會跟著我一輩子。回家吃午飯時，我淚流滿面。我母親想讓我寬心，告訴我這件事沒什麼大不了的，但是我不相信。當然，幾年後我終於明白，這世上根本沒有什麼永久紀錄卡這回事，但更大的問題是，就算世上有這種東西，它眞能影響我的人生嗎？

一次類似的事件，發生在我讀研究所的時候。這時的我，年歲長了許多，理應比當年聰明許多。可悲的是，我並沒有比當年聰明。當時，我在念博士學位，選了一位諾貝爾獎得主教的高級班課程，名爲「物理數學」（"Mathematical Methods in Physics"）。這位年輕的教授在期末考出題時，用了許多他在班上從未提過、只有主修物理的學生才知道的東西。聽都沒聽過這些東西的我，結果得了一個F。我找這位教授理論，他告訴我：「嗯，你是學工程的。如果我選修音樂課，我也可能會拿F。」

這次我沒有找母親哭訴，但除此之外，這次事件與小學四年級那場鬧劇爲我帶來的創傷幾乎完全一樣。我痛苦不堪，去看我的指導教授。他向我保證，這件事根本不值得我擔心。但有很長一段時間，我仍然爲此悶悶不樂。當然，最後我終於發現，沒有人在乎我的成績單上有這個F。就算眞的有人在乎，我的人生會因此出現重大的變化嗎？不會。在拿了一個F之後，我再次選修「物理數學」，這次換了一位教授，最後我得了A^+。你猜怎麼著？也沒有人注意到這個A^+。

人生旅途的一般狀況是，只有一個人保有一份成績單，記錄著你的成敗得失，這個人就是你自己。而且，你會有足夠的機會學習你需要學習的教訓，即使第一次不成功，甚至學了五次還是不成功，這些都沒有關係。

從背叛中學習

冷戰期間，我出席在保加利亞舉辦的一個研習營，會中我播放了一支錄影帶，介紹學生自製的機器人。時近中午，我們休會用餐。餐後，我向工作人員索取這支錄影帶，他們告訴我，基於安全理由，他們將這支帶子鎖了起來，但保管鑰匙的人不小心帶著鑰匙走了，他們現在正在找這個人。

當時，我就覺得這說詞有些蹊蹺。那天下午，我向一位也出席這個研習營的友人提起這件事。那位友人充滿信心地對我說，事情眞相一定是某位教授和助理（我認識他們，並且把他們當成朋友）把這支錄影帶拿到其他地方拷貝。最後，他們雖然還了這支帶子，但仍然堅持原先那套保管人員失誤的說詞。怎麼會這麼可惡！他們背叛了我，破壞了我們的友誼，讓我既受傷又憤怒。

其後，我在研習營再次發表演說時，談到科學交流能夠促進友誼與信任。在演說的過程中，我意有所指地望著這幾個可惡的人。我敢說，他們一定知道我已經發現他們幹的好事，知道我說這些話，是在暗諷他們。只是我仍然心有未甘，後來我走進樹林，獨自生著悶氣，心想我一定要給他們一點顏色瞧瞧，讓他們知道自己大錯特錯。我應該提早離開，不要出席研習營的閉幕晚宴。

我走在樹林裡，愈想愈生氣。終於，我想到我那「世間萬物本無任何意義」的練習。我把這整件事的過程在心裡重演一遍，舉出每一個項目，說它沒有意義。當我說到「這支錄影帶沒有意義」時，腦海中靈光乍現。這話說得再真實也不過，無論對我或對他們，這支錄影帶都絕對沒有任何特殊價值。他們拿了這支錄影帶能做什麼？直到今天，我還是不知道。交給他們的情報局？播給他們的學生看？還是，他們想仔細觀察，尋找做專案的靈感？但我已經將它播放了，這樣就沒有祕密，沒有了不起的突破可言。如果他們當初能夠向我開口，我會樂意讓他們直接拿去拷貝。既然如此，我何必這麼小題大作？我給了這支錄影帶一個它其實沒有的意義。

他們不過是「應該」向我開口，卻沒有這麼做而已。這有什麼大不了的，我何必爲了這區區一點小事，壞了我今晚的晚宴？想通了這一點以後，我回到酒店參加閉幕晚宴，過了一個非常快樂的夜晚。

這次事件給了我一個難忘的教訓：我雖然不能控制外在世界加諸我身上的事，但我可以決定我自己的經驗。一旦知道生命中一切事物的意義都是自己訂的，你會覺得自己是自己生命的主人，不是任憑環境與機運擺布、一點力量也沒有的犧牲品。

改良式根除

我朋友安羅患了乳癌，在動了乳房切除手術以後，她寫了一首名爲〈改良式根除〉（"Modified Radical"）的長詩，這個詩名從她動的乳房切除手術而來，目前治療侵犯性乳癌常用這種方法。這首詩經《新英格蘭醫學雜誌》（*The New England Journal of Medicine*）發表，後來還收入她出版的一本名爲《改良式根除與其他癌症詩》（*Modified Radical and Other Cancer Poems*）的詩集中。美國癌症協會（American Cancer Society）將這本詩集作爲一種病患教育工具，廣爲發行，讓許多人從中獲得慰藉與啓發。

許多讀者寫信給安，說她的詩幫了他們大忙。其中有位外科醫師，寫了一封非常動人的信給安，說他雖然操刀動過多次乳房切除手術，雖然他的妻子也動了這種手術，但直到讀過安的這本詩集以後，他才深深體會到這種經驗造成的心理影響。我也是直到這一刻，才發現安有一種特殊本領，能將個人的不幸轉換爲正面經驗，嘉惠自己與身旁的人。

幾年後，安當年五十九歲的先生朱利安，經診斷罹患了阿茲海默症（Alzheimer's disease），也就是老人失智症。最初幾年，她還能讓先生住在家裡，給他照顧。但到最後，他的狀況已經嚴重到讓她無法應付，於是她讓朱利安搬進一處離家四十英里的療養院。她常去看他，我每個月也會跟她一起前往探視。

我們會把朱利安從療養院裡接出來，開車載他到附近一處湖濱公園。我們在公園裡手牽手，沿湖緩步，一邊唱著〈小小姑娘〉（"Oh My Darling, Clementine"）這類老民謠；由於朱利安祖籍蘇格蘭，我們也會唱〈羅夢湖的美麗湖岸〉（"The Bonnie Banks o' Loch Lomond"）之類的蘇格蘭民歌。最後，我們還會爲他買個冰淇淋或其他什麼的，讓他滿足一下甜食口欲。每次行程總是充滿溫馨、樂趣，甚至有時我連朱利安是否還認得出我都不確定，但我們都很開心。在驅車返家途中，我總爲自己仍然活著感到慶幸，也總是盼著下一次的走訪。

安寫了兩本書：《阿茲海默症，一個愛的故事》（*Alzheimer's, a Love Story*）與《另類寡婦》（*A Curious Kind of Widow*），記錄她與朱利安如何繼續歌頌生命。書中描述，在先生罹病之初，她也曾因恐懼、憤怒與憂慮而六神無主，但由於有愛，她決心和他攜手走完這一段人生旅程。阿茲海默症協會（Alzheimer's Association）用她寫的這兩本書，爲許多家庭帶來希望與應對方針。安也因此受邀在許多研討會與會議上，爲護理與醫藥專業人士發表演說。

在朱利安生病期間，我還有另一位友人也得了重度阿茲海默症。他也有愛他的親人照顧他，但恐懼、悲劇與喪痛讓他們筋疲力盡，於是他們像管教小兒一樣使喚他，對他嚴加管控。

在探視這位友人時，我總是爲他感到非常不快。那是如坐針氈的場合，一點樂趣也沒有，每次告辭離去總是讓我如釋重負。有意思的是，在罹患阿茲海默症以前，幾乎從每一方面來說，這位友人與朱利安都非常近似，而且在患病以後，兩人的病情發展基本上也一樣。很顯然，造成這種差距的，是安的態度。對我來說，它又是另一個力證：在人生旅途中，一切事物的意義，都是我們賦予的，只有在了解這一點以後，我們才能開始控制我們的遭遇，甚至將不幸轉換爲對我們本身、對我們所愛的人的贈禮。

什麼是成功？

說來不怕你笑我妄自尊大，我得過許多獎項，我有好幾個抽屜，裝滿了各式各樣的獎狀。得獎自然讓人開心，頒獎晚宴也很有趣，但第二天早上，當我醒來看著它們時，那些玻璃鎮紙、那些得獎證書，其實沒有任何意義。

這些東西就是世人一般所謂的「成功」——名列榮譽榜、從大學畢業、得到一份高薪的職位、得到一份更高薪的職位、當選本月業績最佳的銷售王、坐進角落辦公室、得到公司配車、成爲媒體採訪的對象、獲頒各種獎項等，大多數人在想到成功的時候，想的往往就是這些東西。對我來說，它們都算不上是眞正的成就。

這些東西每一樣都可以是一種眞正的成就，它們對你具有某種意義，而且不是那種只在一天有效、第二天就不再具有意義的東西，但它們可能也只是像一枚枚胸章一樣，用途是掛於胸前、讓人知道你是有頭有臉的人物。問題是，這些東西本身能讓你快樂嗎？

我認識一些過得很痛苦的億萬富豪，他們不僅花錢爲自己的肥肚子抽脂，還重金聘請保鑣，因爲他們成天擔心會遭人加害（但或許這種擔心並非空穴來風）。他們總是處心積慮，想讓自己更富有一點，他們想再多賺一百萬美元，賺到了又想再多賺，但這一切所爲何來？反之，我也認識一些藝術家，儘管生活拮据，卻過得快樂、充實。這兩者都不是追求快樂或智慧的必然途徑；你當然可以既有錢又快樂，重點是有錢未必能爲你帶來快樂，沒有錢也未必一定會讓你不快樂。

因此，爲了成功而完成諸多成就，是非常空虛的。它就像是你繞著圈子跑，想要抓住眼前吊在一根桿子上的蘿蔔一樣，永遠可望而不可及。對我來說，眞正的「成就」，是出國旅行、學習外國語言，自己找路走。眞正的「成就」，是學習自給自足，是交到終生的朋友。

我認爲，成功就是「擁有美好的人生」，這也是我寫這本書的宗旨：以一種讓人心滿意足的方式，完成生命的課題，讓生命力在我們及與我們相知的人心中滋養，這就是「成功」。它使我們培養自我主控的能力，幫我們因應人生與人際關係難以因應的方方面面。它使我們尋找值得投入的終生志業，爲我們帶來正面反饋。只要做對了，就算它有時需要我們嘔心瀝血，但人生不應是一種讓我們痛苦不堪的掙扎。

撕掉舊標籤，創造新形象

想對人生事件與人際關係建立新的態度，你必須學會以一種新的眼光來看待它們。創意研習會常採用一種做法，就是把一個裝滿各式各樣材料與工具的袋子交給與會學員，然後提出一個需要解決的問題。這些材料與工具一般都是日常用品，大家都知道它們的用途，學員們得用袋子裡的東西解決這個問題，無論什麼方法都可以，但這些東西與必須解決的問題之間通常看不出有什麼關連性。舉例來說，袋子裡可能裝了一盒 Cheerios 圈圈餅、一把錘子、膠帶、棉花球、梳子，還有一包彈珠等，你得用它們來創造一個通訊裝置。

大多數人有一種認知上的偏見，稱爲「功能固著」（functional fixedness），由於這種偏見，他們只能依據正常背景來觀察事物，但若只是根據一般用法使用袋子裡的材料與工具，通常會找不出問題的解決之道。就算眞能找出，這些方法也必定了無新意。你必須克服「功能固著」的偏見，以新方式來運用這些日常用品，才能找得出眞正令人驚豔的解決之道。抱持著「一切與你想像的都不一樣」的觀點，能夠幫助你看清種種的可能性，你必須讓那些眼熟的東西變得新奇才行。

舉例來說，一盒 Cheerios 圈圈餅不再只是一種早餐穀物食品，你可以將它拆解成卡紙與蠟紙，它也是生物量（biomass）或小薯片與穀品的來源；此外，它還可以做成糊。同樣地，錘子的重量沉，是金屬與木頭的來源，還可以當成心軸、蹺蹺板或鐘擺來使用。膠帶可以用來捆綁東西，還可以當作自成一格的結構元件，製作成任何你想製作的形狀。透過一些有創意的方式，你可以用這些東西完成被交付的任務。

同樣的創意手法，也可以運用在我們自己的身上。就像我們可以改變常規，將物質世界的東西投入不同的用途一樣，我們的行爲與人際關係也是可以改變的。想突破固定成見在一開始很難，但一旦上手之後，你會發現它能爲你打開整個世界。請別再因循苟且，爲事物貼上固定標籤。麥克在我班上的專題失敗了，但他並不失敗。你就算被炒了魷魚，也不表示你是個輸家。我熟悉的那個麥克彷彿脫胎換骨，一反原本的枯燥、失靈與平凡老套，令人嘖嘖稱奇，欣喜不已。

有一次，在上了一整天的創意研習會密集課程之後，我已經陷入半腦死的狀態。好不容易熬到休息時間，我一個人來到一座大噴泉前坐了下來，這是我第一次體驗到改變固定成見的魅力。突然間，在我疲累昏花的眼前，那座噴泉從一道道的水柱，變成相互碰撞、彈跳、數不清的水珠。那是一種令人驚嘆的體驗，一切好像只是因爲我太累，沒辦法集中精神，用原來的標籤「噴泉」來看待它一樣。我只是凝坐在那裡，享受著水花之舞。

只要你不再爲這個世界、爲你的工作、爲你的人生妄加標籤，或許你能發現有份驚喜等在那裡，待你摘取。我有幾個很喜歡的學生，卻都沒有畢業。他們很聰明、很能幹，都選擇了另類途徑，不願意「遵照遊戲規則行事」。每當我偶爾巧遇這些沒有畢業的學生時，我發現他們幾乎無一例外，都做了讓自己快樂、往往也讓這個世界變得更好的正確人生選項，或許這原本也不足爲奇。

你可以徹底移除標籤，也可以換上新的標籤，創造更好的效果。不久前，有幾項研究進一步佐證了重定標籤可以改變行爲的論點，例如研究人員從統計證據中發現，呼籲民衆當選民比僅僅呼籲民衆出來投票，更能提高選舉的投票率。[1]同樣地，勸人不要當騙子，比僅僅勸人不要欺騙，更能減少欺詐舞弊事件的發生。研究人員因此達成結論：人比較關心提升自我形象，比較不關心自己的行動；也因此，想要改變行爲，你必須先改變自我形象。

我們心中都有自己是誰、是個什麼樣的人的想法。我們的自我形象或許精準，也或許偏差得離譜；無論如何，這種自我形象在很大程度上，都會影響我們對身周世界的反應。凱洛・迪維（Carol Dweck）在她寫的《心態致勝：改變心態，改變你的世界》（*Mindset: The New Psychology of Success*）一書中指出：「我歷經二十年的研究成果顯示，你爲自己採納的觀點，對你的生活方式有很深的影響。它可以決定你能不能成爲你嚮往成爲的那個人，能不能完成你珍視的事物。」[2]

我們偶爾也能遇上出生入死、威力強大的經驗，但在大多數的情況下，改變都是一點一滴、不斷累積而成的。始料未及的正面或負面經驗，會對你的自我形象造成些微變化。透過不斷反覆、持續累積的變化，整個形象就會轉變。做對了，這能夠提升你的抱負；套一句心理專家的說法就是，你的「自我效能」（self-efficacy）增加了，你變得更有自信一點。

這就是發生在道格身上的事。他下定決心，想藉由騎自行車來控制他的晚發型糖尿病血糖問題，他計劃每週三次騎自行車從他位於史丹佛學區的家，到附近山上的史凱隆達（Sky Londa）社區。這段旅程來回約二十英里，海拔變化約一千五百英尺。一開始，一切進展順利。之後，道格開始注意到沿途的路邊竟然有那麼多垃圾。起初，他只是心想：這麼髒，應該會有人來打掃吧！沒多久，他想，那個人應該就是「他自己」。於是，他開始隨身攜帶一個塑膠袋，沿途看到路邊丟棄的罐子與其他垃圾，就停車清理。就這樣，他的自我新形象緩緩出現了。到後來，他的自行車上經常裝了一大堆垃圾；他單槍匹馬，讓很長一段路面保持清潔。

道格騎車撿垃圾的事情逐漸傳揚開來，附近居民對他的鼓勵也不斷升溫。愈來愈多駕駛人在行車經過他身邊時，都會跟他打招呼，還有人會給他錢，獎勵他的義行。他成爲社區宴會的貴賓，地方報紙刊出有關他的報導，還有人拍了一部電影，宣揚他騎單車掃街的故事，[3] 聖馬特奧郡（San Mateo County）還爲他頒了環保獎。道格成爲地方上的名流，他的自我形象與原本那個「總該有人來打掃」的道格已經大不相同。現在，他是「環保道格」，我則比較喜歡稱他爲「清潔工教授」（Professor Poubelle）。[3]

「自我效能」的概念，一直是處理恐懼症及其他一些囿限狀態的工具，大多數的心理治療當然少不了它。[4]類似概念也運用在教育，以及打造成功生活的捷徑上。在理想世界，自我形象是我們做什麼與不做什麼的重要基礎；但在眞實世界，事情比較複雜一點。

誰在控制你的腦？

我們一般都認爲，我們能夠主宰自己的行動。這種觀念是社會能夠正常運作的重要關鍵，因爲如果我們不能主宰自己的行動，政府就沒有理由束縛、懲罰行爲反社會的人。儘管如此，我們確實知道有些行爲並不出自自我意識的控制，這些行爲就是所謂的「反射行爲」或「自發行爲」。

在其他物種身上，很容易見到這類自發行爲，它們有些相當複雜，是動物DNA的一部分。例如，南非織巢鳥喜歡用特殊材質建造一個精緻的巢，研究人員讓一對織巢鳥無法接觸這種築巢的材質，還切斷牠們與其他織巢鳥的往來，牠們就這樣繁衍了五個世代。[5]牠們無法築巢，牠們的後代甚至沒見過傳統鳥巢長什麼樣子。之後，到了第六代，研究人員讓仍與其他同類隔絕的牠們，接觸了這種傳統材質，結果牠們建造了一個完美的鳥巢。或許，這是個極端的例子，但它仍說明了一點：就算是複雜的行爲，可能也具有反射性，未必是意識控制下的產物。

當身體感覺到危險、情緒受到威脅，引發我們「戰或逃」的反應時，這類行爲尤其明顯。等到訊號送到我們腦中負責理性思考的部門時，負責情緒與反射行爲的腦中心，已經武裝好我們的身體，我們的行動已經展開了。

儘管這種瞬間而本能的反應可能救我們一命，但在一個心理上錯綜複雜的世界，它未必是面對情緒威脅的適當反應。僅憑我們的直覺反應行事，未必能夠圓滿解決一切問題，就像當那個神經病用九十英里的時速，突然切到你這一線車道上的時候一樣。

像這種情況，碰到有人在高速公路上亂來，你該怎麼辦？大多數人的反應恰恰是錯的，他們決定「開打」。他們會大喊大叫、高聲咒罵、狂按喇叭，甚至展開飛車追逐等，與那個胡亂開車的傢伙互別苗頭。但面對這種情況，最好的生存之道是「走爲上策」。我曾與來自各式各樣背景的人討論過這個問題，最後的結論都一樣：我們都認爲，如果在路上碰到冒失、莽撞的駕駛人，最好的辦法就是躲遠一點，而且愈遠愈好。但許多人也都承認，一旦碰上這種事，我們的反應恰好相反：我們會追逐那輛車。這是怎麼一回事？遇上這種情勢，我們有兩種選項：一種是人腦在第一時間發動的「膝跳反射」（knee-jerk reaction），那是我們的意識所無法控制的；另一種則是我們可以控制的理性反應。

第一種反應經常有人稱爲「邊緣綁架反應」（limbic-abduction reaction）或「杏仁體劫持」（amygdala hijacking），因爲它是杏仁體（一種腦部邊緣系統內的小型器官）所引發的。杏仁體的主要功能就是在接到害怕的刺激時，立即通報腎上腺。杏仁體還有第二個管道，連結腦皮層與腦部其他負責推理的中心，不過通報速度比較慢。

但前述這第二個「理性反應」，並不是一種自發性的反應，了解這點很重要。許多人只是看到朋友與家人怎麼做，自己就跟著那麼做，久而久之，我們將官能不良的行爲視爲正常或有面子的事。只要稍微下一點功夫，你就能輕鬆改變你的第二反應。你必須做的，就是決定自己想要改變，然後動手做就行了。如果你願意拋開第一時間的邊緣反射，就可以讓你的腦皮層冷靜下來，採取主控，讓整個身體靜下來。

沒錯，有些人想要自我控制，確實比其他人難一點。但你是不是天生或後天衝動（或兩者都占齊了）無關緊要，你可以學習控制你的第二個反應，而且這麼做很重要，因爲它能讓你不致對他人大發雷霆。一些有權勢的人，包括政要、演員、歌星、公司執行長，甚至還有書籍出版商，就是因爲無法控制他們的邊緣反應而毀了大好前程。一時暴怒，能讓你喪盡一切。

哈佛大學神經學教授魯迪・唐吉（Rudy Tanzi）建議，一旦遇上「邊緣綁架」的情勢，我們可以採取下列四個步驟來因應：

- 不要按照第一時間的反應行事。
- 做一個深呼吸。
- 了解你現在的感覺。
- 回想過去曾爲你帶來快樂與平靜的一件事。[6]

就「設計思考」的角度而言，你這麼做，是在分析「開戰」的反應，將它視爲一個有待解決的問題，然後運用「發想」來讓自己處於一個比較好的位置。這些步驟把你帶進一種情緒性幸福的狀態中，讓你重新控制自己的行爲。

在大多數的情況中，只需採取前三個步驟，就能讓你控制住情勢。這件事需要練習（以「設計思考」的角度而言，就是需要「實作」），每當負面行爲的衝動出現時，如果你都能如法照做一次，久而久之，對你來說，克制衝動、控制行爲這件事，就會變得愈來愈容易。無論如何，碰上任何狀況先做個深呼吸，總是錯不了的。

鍛鍊你的大腦

其他沒有那麼立即緊迫性的情勢，又該如何因應？面對較爲一般的壓力／緊張狀態，這些小技巧能夠幫助我們妥爲因應嗎？答案是「可以的」。如果你能花一點時間，了解自己目前的心理狀態，然後刻意加以改變，就能迫使你的大腦進行比較均衡的活動。一旦你習慣了，這種解壓手段就會變成一種自發性的過程。

許多官能不良的行爲，與無法平衡使用大腦的不同部位有關。舉例言之，病理性暴食與腦部爬行狀部分（腦幹）有關；自戀或過於誇張的行爲，是因爲困在腦的情緒性（邊緣）部分而造成的；過於理智，是因爲困在腦內負責較高層理智官能的部分（新皮層）而造成的。

練習自我了解，能夠讓我們不再受困。我們可以透過這種方式來訓練我們的大腦，讓它給我們更好的感覺認知、身體認知與社會認知。這樣的概念一般稱爲「精神戰勝物質」，是認知行爲療法的一項重要原則。認知行爲療法是心理學的一個分支，認爲我們只要能夠改變思想，就能夠改變我們的行爲。儘管這種方法未必適用於每一個人，我鼓勵大家用它。無論你因爲什麼原因而處於現有狀態，刻意改變你對它的思考方式，能夠幫助你解決問題。

靜心小練習，幫助你尋找答案

「我是誰？」

「我要什麼？」

「我的人生宗旨何在？」

不斷反覆自問這幾個問題，想到什麼答案都說出來。你可以把答案寫在筆記本或日記上，或者只是自言自語也可以。不要過度深思，只要回答這些問題就好。說重複了沒關係，說的沒什麼道理也沒關係。每一個問題至少每五分鐘或十分鐘就必須重複一次；如果你能夠找個伴一起練習，兩人可以輪流，一個人反覆問同樣的問題，另一人作答。當然，如果是兩個人一起練習，問題用字要改成「你是誰？」「你要什麼？」「你的人生宗旨何在？」像我可能就回答：「我是父親；我是丈夫。」「我要寫完我的書，我需要更多時間。」「我的人生宗旨是教書；我的人生宗旨是好好生活。」對我來說，這些答案都很膚淺，通常得花一段時間，才能說出比較有見識、比較不俗的答案。做了你就知道！你說出的答案，以及它對你培養成功習慣的幫助，或許能讓你喜出望外。

做這項小練習，能夠讓你花時間深思人生的意義。相較於你的特定答案，更重要的是你敞開自我、面對這些問題。大體而言，做這個練習能夠讓你更放鬆，加強你內在的精力，滋長更豐厚的活力感。

其他類型的沉思也能夠帶來類似效果，你可以一一嘗試，看哪種對你最有效。我很少正正經經地沉思，但我會做許多幫助我思考的事，例如散步、騎自行車等。當我需要寧靜的時候，我會找時間獨自一人沐浴在大自然的懷抱中。有些不需要專心一志的反覆性活動，對某些人而言也有類似效果，例如織毛衣、鉤針編織、種花植草與塗鴉等，都能夠幫助人沉澱思緒。

甚至做一些更簡單的事也很有用！如果你覺得自己精神渙散，可以花幾分鐘安靜下來，一動也不動，將注意力完全放在呼吸上。注意每一口的呼吸：吸氣、呼氣，吸氣、呼氣。設法拉長呼氣的時間，讓它比吸氣時間長一倍。此外，你可以注意身旁某樣靜止的東西，例如書本、掛在牆上的畫等，不要去分析什麼，只要將自己沉澱。經常做這些小練習，最後都能使人更專心、紓解焦慮，帶來一種不具特定意義的幸福感，讓人從中獲益。

「對與錯」的遊戲

在人生旅途中，我們經常玩著「對與錯」的遊戲。這個遊戲的規則似乎很簡單：如果我對了，我就贏了，而你就是錯的。

有一次，我在準備離家走路前往友人道格的住處時，與妻子露絲爲了一件很蠢的事爭得面紅耳赤。走在路上，我滿腦子想的都是我有多對、她有多錯。她不單只是錯而已，根本就是徹徹底底的豬頭，簡直笨到不行。我就這麼想著，走了兩條街，然後我抬起雙眼。

那是個美麗晴朗的冬日，光禿的樹襯托著街景格外誘人。我一時愣在那裡，有一種莫名的喜悅襲上心頭。但與露絲的那場爭執，讓我餘怒未消，猛一搖頭，我又陷入那自以爲是的憤懣中。我低下頭，繼續走著，一邊想著她怎麼會那麼蠢？然後，我再次抬起頭，融入身邊的一片祥和，之後又一次將自己鎖起來。我太生氣，仍然無法釋懷。

最後，我終於猛醒。不斷地玩那場自怨自艾、我對你錯的遊戲，我才眞是個笨到不行的豬頭。這個世界爲我展現了這麼神奇的一刻，我卻將它阻擋在門外。這個覺悟讓我對自己的愚蠢忍俊不住，我終於能夠享受這一切美好了。我喜不自勝地來到道格的住處。這件事發生在二十年前，我與露絲究竟爲了什麼事情爭吵，已經不復記憶，但每年冬天，抬眼看見那排光禿的樹，總是讓我心花怒放。

這整個情勢有點像是在賭場打牌。你打的每一手牌，賭場都要抽頭——賭場就是這樣賺錢的。很顯然，無論你哪一手牌贏了或輸了，等到一天終了結帳時，所有賭客加起來的總身價只會變少，這就是玩的代價。如果我那天只是不斷地玩那場「對與錯」的遊戲，我會錯失一次最頂級的體驗，賭場則會從我身上盡情搜括，大發利市。

每次我發現自己在面對一場「對與錯」的遊戲時，就會轉身走開。下一次，當你發現自己正在玩著一場「對與錯」的遊戲時，請記住：在你的人生中，每一件事的意義都是「你」賦予的，你也可以選擇終止這場遊戲。無論你多對、他們多錯，其實都無關緊要；只要玩上手，你已經是個輸家。

從小處著手，換個心態

同樣地，你可以調整自己對經驗的反應。這裡提供一個小竅門：把反應誇大，你可以改善你的經驗。舉例來說，如果你參加一個沉悶的會議，不妨對自己說，你這輩子從未碰過這麼無聊的會議，這會議簡直無聊得令人稱奇。如果你感到沮喪，不要因爲這沮喪而意氣消沉，你可以將計就計，爲自己竟然能有這麼令人沮喪的經驗喝采不已。

這與顧影自憐完全相反，這麼做能讓你因自己面對的情勢太可怕而樂在其中。君不見有些狗因爲長得醜反而可愛嗎？這道理也差不多。想一下，什麼人曾經打過什麼比方來描述會議的可怕，寫一首打油詩來描述你的困境。以沮喪爲題，做一段自己的脫口秀。

當你發現自己竟然能改變自己對一切事物的態度，能夠讓你信心及勇氣倍增。你討厭洗碗嗎？仔細想想，其實洗碗好處多多。把手放進溫暖的水裡，能夠讓你心神舒暢。抹上泡沫再清洗，也可以是一種樂趣。清乾淨一團髒亂，再看看整潔的廚房，總是能讓人感到滿足。試著用新的態度看待洗碗這件事，或許你會喜歡上它呢！

一旦你發現，你可以改變自己的習慣、可以對事情展現新的態度，你在專業與個人生活中，就都多了一件可供使用的新工具。對大多數的人而言，要他們改變自己對洗碗的態度，或許比要他們改變對沮喪的態度容易。但如果能從小處著手，有一天你終會發現，處理人生那些比較難的大事，其實沒那麼困難。

REASONS ARE bullshit

2 理由都是狗屁，學會爲自己負責

很顯然，眞理就是那樣。但比較不顯然的是，眞理也是那又怎麼樣。

——華納・艾哈德（Werner Erhard），作者、思想家

理由的問題在於，它們不過是經過粉飾的藉口罷了。

以前，我在出席工作機公司（Working Machines Corporation）的董事會會議時總是遲到，工作機是一家位於加州柏克萊的公司，距離我住的地方有一小時的車程。每次，我總會在經過一小時的飆車、搶道、危險萬狀的旅程之後，帶著歉意趕到會議室，一邊解釋公路實在擠得水洩不通，害我又遲到。董事會主席每次也總是禮貌地向我保證，只要我安全抵達就好了。但會議進程因我而耽擱是事實，其他幾位準時抵達的董事顯然有些不快，我自己內心深處也知道，公路交通並不是眞正的問題。

沒錯，八八〇號公路的交通往往過於擁擠，特別是在出帕拉奧圖、進柏克萊的那一段路，車行簡直有如龜速。但公路塞車眞的那麼嚴重嗎？我不過是把時間卡得太緊罷了。我只需要早點出發，就能夠解決問題。然而，我總是在臨行前最後一分鐘，還

想發幾封電郵、接幾通電話。好不容易走出辦公室，我又在電梯碰到一位同事，談了幾分鐘。

問題的眞正癥結在於：我沒有把這項會議視爲人生的優先要務。事情就這麼簡單，跟交通狀況一點關係也沒有。儘管沒有造成什麼業務上的負面後果，但它損及我的自尊：總是遲到讓我有罪惡感，每當我編個理由、走進會議室，面對一屋子人質疑的眼光，那感覺很不好受。經過一番思索，我終於發現：在座有幾位董事也像我一樣，必須面對同樣的交通問題、同樣的「人生瑣事」，但他們沒有遲到，因爲他們重視這項會議。

有了這個覺悟以後，我決心把這項會議列爲優先。從那以後，我開始重視它，提前時間出發，務求準時赴會。我不再趕在臨走前最後一刻發電郵、打電話，也不再等到最後一分鐘才動身，我決心提早將其他事情告一段落，在「必須」上車前十分鐘就上車。

如果運氣好，如果交通狀況順暢，我在進入會議室之前，還能夠享受一下柏克萊的宜人美景。如果交通狀況正常，由於我提前片刻赴會，也還有時間跟其他幾位董事閒聊幾句。如果交通狀況實在惡劣，至少我還能夠準時趕到。從那以後，我不再因爲遲到、因爲必須找藉口而感到羞慚。準時讓我神清氣爽，還改變了我的人生。

事情還不僅如此，我開始改變自己的時間觀。過去，在面對牛活中大多數事物時，我總是遲到；現在，我成爲衆人口中那個自己總是準時、也要求其他人準時的討厭鬼。我在開每一門課、每一場研討會時，首先一定強調準時。事實證明，一旦不必再爲自己的遲到編造理由時，我的日子好過多了。

我們的社會喜歡講理由，或許無論做什麼事都有一個好理由，能夠讓我們感到寬心。不幸的是，這樣的想法只是幻覺，世事不是這麼運作的。有一個故事，說一名男子站在曼哈頓時代廣場正中央打響指，一名女子在看了好一陣子以後，終於忍不住上前問道：「不好意思，先生。你爲什麼站在這裡不斷地打響指？」

男子回答：「因爲這麼做，可以趕走老虎。」

女子說：「但是先生，除了動物園之外，這裡方圓幾千英里內一隻老虎也沒有。」

他回答：「一點也沒錯。我的響指打得還眞有效，是吧？」

這個笑話用了一個所謂的「因果謬誤」（causal fallacy），那個打響指的男子誤將相關視爲因果關係，因此造成謬誤。只因爲兩件事同時發生，就認定它們有因果關係，會犯幾個邏輯上的錯誤，這個笑話談的只是其中一個。這類型的謬誤也稱爲「與此謬誤」（*cum hoc ergo propter hoc*），這個名稱源自拉丁文，意即「它既與這件事一起出現，就是這件事的產物」，也有人管它叫「假因果」。還有一種類似的謬誤稱爲「後此謬誤」

（*post hoc ergo propter hoc*），也是源自拉丁文，意即「它既然發生在這件事之後，就是這件事的產物。」

敷衍得了別人，騙不了自己

理由都是狗屁，我知道這麼說有些粗魯，但你看下去就會明白，我這話說得絲毫不假。世上之所以有理由這回事，只因爲人們如果不解釋自己的行爲，就會讓他們看起來不講道理。所以，我們面對一個矛盾：我們需要理由，好讓自己看起來講道理，但一旦我們使用理由，就不必爲自己的行爲負全責。

比方說，我走到一個陌生人面前，朝他臉上打了一拳。他問我爲什麼要這麼做，如果我說：「沒什麼理由呀」，顯然我蠻橫不講理；但如果我說，他讓我想起那個虐待我妹妹的惡棍，我成了（多少）講道理的人。

但理由往往只是藉口，我們使用各種理由來隱藏自己的短處，好讓自己看不見。唯有當我們不再找理由爲自己辯解以後，才更能改變自己的行爲，取得符合實際的自我形象，過一個讓我們更滿足、更美好的人生。

許多理由不過是隱瞞事實的藉口，事實其實只是：我們不願把某件事當成優先要務來做。舉例來說，我班上有個學生來晚了，她對我說：「對不起，我遲到了，因爲我的自行車爆胎了。」就算她的自行車眞的爆胎了，歸根究柢，她遲到是因爲她沒有把準時上課視爲優先要務。如果我訂了一條規定，誰遲到就把誰「當掉」，無論有沒有爆胎，她一定會準時來上課。要是我的規定是遲到一次就直接開除，她甚至會提早到。

史丹佛大學設計群的大多數同事，都曾出席過我的研討會，知道我對「理由」的感覺。因此，如果有同事在我的研討會中開始講理由，比方說：「我做不到，因爲院長……」，就會有一堆其他學員以挖苦的口吻異口同聲地說道：「那眞是個『很好的』理由呀！」這位同事雖然因此有些發窘，但也因此領悟到自己做不到的原因並不在院長，這也算是出席研討會的一份收穫吧！

請別再爲你的行爲找理由辯解，這在「設計思考」過程的每一部分都很管用，它能幫你走出死胡同，引領你走向新的做法，爲你帶來新的見解。

輪到你了，練習不再找藉口

理想情況下，這個小練習會需要一個夥伴跟你一起做，但你也可以一人分飾兩角，獨力完成。

首先，由甲先說「我……，是因爲……」，乙聽完回答：「那眞是個『很好的』理由呀！」就這樣進行大約五分鐘，然後轉換角色，甲乙互換說詞。

想將練習效果發揮到極致，你可以用你「目前」面臨到的事情來舉例。例如，今天早上我可以說：「我寫這本書，是因爲我想跟讀者分享我的知識。」我的練習夥伴於是答道：「那眞是個『很好的』理由呀！」接下來我可以說：「我現在很累，因爲我起得太早。」我的夥伴回答：「那眞是個『很好的』理由呀！」諸如此類，你懂我的意思。

不需要進行多久，你就會發現自己提出的理由，很多都是狗屁。如果你怎麼也不承認自己的理由都是「很好的」理由，不妨爲你的每項行爲多想幾個理由；如果你將許多因素歸於一項特定行爲，那麼爲某件事強調某個原因的概念，也就開始變得模糊了。爲了加強我們說的理由的重要性，我們會在分析中加油添醋，尤其是幫最能爲我們自圓其說、最能支持我們的自我形象的理由說話。

有時，我們會藏身在令人心痛的理由背後，但這麼做對我們沒有任何好處，了解這點非常重要。我的大兒子史蒂夫出生就得了腦性痲痺，不僅有智能障礙的問題，還有肌肉痙攣的毛病。其他人輕易就能做到的事，史蒂夫做起來眞的非常吃力，但大多數的日常事務他都還能應付得來。每當他媽媽責備他沒有禮貌，例如不用刀子先切食物就張口將食物往嘴裡送等，他就會大發脾氣，叫道：「我沒辦法！我生下來就是這樣。」每次聽到他這麼說，總是令我心疼不已。但是爲了他好，他應該了解，他說這話，其實是在爲自己找一個「很好的」理由。

理由解決不了問題

研究顯示，人會選擇性地記錄發生在自己身上、與發生在周遭的事情。無論你多麼有信心，認定自己已經掌握事情的眞相，你還是有可能會搞錯；你不可能知道其他人行爲的眞正動機。

令問題更加複雜的是，有時我們還會刻意爲自己的行爲謊報理由。[1]有個很經典的例子，有一位日本教授在我的研討會上說，他想多花一點時間陪伴家人，但是他的工作實在太忙。我就問了他幾個問題，讓他說了一些日常活動的細節，事情很明顯：他在工作上浪費了太多時間。每天下課以後，他仍舊逗留在大學裡面，直到傍晚還跟同事出去交際應酬，讓大家都知道他比誰都晚下班。這麼做不但能夠突顯他的男子氣概，還能讓人因爲他沒時間陪伴家人而同情他。他顯然做了一個選擇，所謂「工作太忙」云云的理由當然只是狗屁。研討會中每一位與會人士，立刻就發現這整件事情的眞相，但我足足花費半個小時的脣舌，才終於讓這位教授若有所悟。

世事無常；我們做事，其他人也在做事。事情進展如果讓你滿意，你可以繼續如法泡製，希望一切都能圓滿如常；事情進展如果讓你不快，下次你可以採用不同的做法。這種實事求是的做事方法很簡單，但我們爲自己找的理由會從中作梗。

如果能夠拋開理由，我們會好得多。理由爲我們帶來藉口，讓我們繼續那些官能失調的行爲。拋開理由，這個世界會好得多，不是嗎？

好吧，你說的沒錯，沒了理由的世界會變得很奇怪。沒了理由以後，大家會認爲你不講道理。既然如此，「拋開理由，世界會好得多」，此話怎講？

我要從兩個方面來探討這個問題：一是外在形象，一是內在自我。表面上，你在日常談話中會視需要來運用理由，好讓自己看起來很正常、很理性；但在內心中，你會用質疑的眼光檢視外在自我帶來的每一個理由，這個內在自我同時也會質疑與你互動的人所說的理由。只需要注意理由如何運用，你就可以進一步了解你本身的行爲，以及你與其他人的關係。

想要改變你本身的行爲，使用這種做法很有效，但它不能改變其他人的行爲。除非對方主動來徵求你的意見，例如選修你的課，或是讀你寫的書等，否則你不能告訴對方說他的理由都是狗屁，因爲這不干你的事。如果你這麼做，很快就會成爲人見人恨的討厭鬼。想要整頓這個世界，最好的辦法就是先整頓好你自己。我一再地告誡我的學生，以及研討會的學員，不要在家裡對家人這麼做！

跟自己做個約定，除非萬不得已，否則不使用理由。這麼做事實上能讓你的行動效益倍增，一旦你對自己的行動充滿信心，就不需要爲自己找任何理由。相信自己，展開行動。

許多來自世界各地的學生向我提出要求，想加入我在史丹佛的研究班。如果我知道自己不能夠接納他們，我會簡短用幾句話來回絕他們，說我感謝他們對這個研究班的興趣，但我很抱歉，因爲我無法接納他們。經我這麼回覆之後，遭到回絕的學生大多就此打住，頂多再寄一張感謝卡給我，事情就算過去。但如果我找一個婉拒他們的理由，學生們就會想方設法、繞過這個理由，事情會鬧得沒完沒了。在過去，我總會想個其實是狗屁的理由，感覺這麼做會顯得我的心腸好一點。沒錯，我可能眞的太忙，可能眞的即將展開長休，我告訴學生的話可能句句屬實，但如果我確定自己必須回絕，我就應該斷然回絕。事實上，眞要我想個沒法繞彎避過的完美理由，還眞的不容易。

行動比理由響亮，除非萬不得已，否則別找理由！

試試說反話，因爲它可能是你眞正的動機

我們在遇到讓自己不快的信念或行爲時，說的話與我們心裡眞正想的，往往正好

相反。我曾有一位年輕氣盛、非常有進取心的同事，對一項名聲響亮、歷史也很悠久的機器人會議非常不滿，於是他辦了一項新會議來與它競爭。我問他，爲什麼要辦這項新會議？他說：「我最不願意做的事，就是打擊這項既有的會議，但我們有創辦新會議的必要。」

在他說這話以前，我原本沒想到他會有打擊這項既有會議的動機，但他不打自招，否認了這項無人提出的指控，事情很明顯：打擊既有會議正是他的動機。我並沒有這麼指控他，但他自己說漏了嘴。

各位應該聽過「此地無銀三百兩」這句話，如果一個人不厭其煩地告訴你，說自己不是騙子、不是無賴、不是一個惹事生非的人，他很可能就是這樣的人。

我敢說，我們每個人都曾有過口是心非的經驗。我們坦然面對吧！儘管我們都喜歡說服自己，自認動機純正，但一般而言，我們最關心的還是我們自己。爲了防止自己口是心非，不妨在腦海中進行一次反向操作：每當你或其他人說了一個行爲動機，你就在腦海裡用相反的話取代這個動機。舉例來說，如果你說：「我告訴凱莉同事在她背後說的話，是爲了她好，不是爲了我自己好」，你就在腦海裡這麼說：「我告訴凱莉那些話，是爲了我自己好，不是爲了她好。」你往往會發現，在腦海中的這個反話，才是你的眞正動機。

你在眼裡看到的他人，或許是你自己

「投射」（projection）是一種常見的反應，當一個人將自身的特質或感覺加在另一個人的身上，就出現「投射」。儘管心理學者在使用這個名詞時，一般意指負面行爲，但我們常將自己的長處與短處投射到他人身上，這種行爲是人生一個重要的部分，對我們與他人的互動有很大的影響。看到他人身上的特質，能夠幫助我們看清自己的特質；如果你發現另一個人身上有什麼瑕疵，這可能意味著你自己擁有同樣的瑕疵。

投射幾乎能讓人際關係的每一個層面染上色彩。眞正純樸的老實人，會認爲他遇到的每個人都是老實人；有詐欺與背信背景的人，也會對其他人處處設防，因爲他會將自己那些騙子行徑投射到其他人的身上。一旦將自身行爲投射到其他人的身上以後，我們就有一個完美的理由，認爲我們知道其他人會有什麼行爲了。

現在你已經知道，我對遲到深惡痛絕。遲到已經成爲我的一項人生課題，所以我認定其他人也像我一樣，對遲到深惡痛絕。現在碰到有人遲到，我會無法理解他們怎麼能夠這樣不負責任，但我其實也是在自己成爲守時的死忠信徒以後，才開始注意到他人有不守時的習慣。

認識自我憎惡，學會接受自己

想知道投射的影響多麼無所不在，你可以將生活周遭其他人讓你不快的種種行徑，一一列在一張清單上，然後針對這些行徑想一想，它們是否也出現在你自己的生活中。舉例來說，「我最氣的事，就是我兒子艾利奧特和他朋友克勞蒂亞吵個沒完」，因此，「我最氣的事，就是和老婆吵個沒完」也就不足爲奇了。

他人總有數不完的事讓我們喜歡或不喜歡。我一開始就提到爭吵這件事，其實是反映出我生活的一部分，它告訴我，由於爭吵這項議題對我過於重要，所以我將自己對爭吵的感覺投射到兒子身上。了解這點能讓我們更認識自己，也讓我們對其他人的困苦更能夠感同身受。

在人格的這個面向，自我憎惡扮演了一個很大的角色。我在前言中提過《經過調適的美國人》這本書，兩位作者在該書第四章探討了這個概念：「人會因爲對自己有什麼憎惡，而對其他人也有這樣的憎惡，而且只有這些憎惡。人可能以一種理性而客觀的方式，表達對他人的不贊同，但憎惡他人是一種非理性而且不客觀的行爲。強烈的情感背叛了內心深處的自我輕蔑……人會設法切斷自我的某些潛在可能，而憎惡的根本就源出於此。」

換句話說，如果我們發現（甚至只是下意識地發現），我們身上有一些與我們自我形象不符、因此不願承認的特質，我們會否認它們的存在，並且將它們投射給其他人。所以，我們對他人的憎惡，其實是我們對自己的某些能力感到厭惡或恐懼，遂將它們投射到其他人身上而造成的。想要克服憎惡可能帶來的自我毀滅效應，我們必須要能接受一項有關自我的基本事實：只要是人類能夠做得出的行爲，我們都有可能做。

愛與婚姻：因愛結婚有時不是好事

在《經過調適的美國人》這本書中，兩位作者還有一個讓人側目的論點：爲愛結婚是一個錯誤的想法（參見第十章）。在這個論點中，投射也扮演了重要的角色。用我這本書的話來說，該書作者普尼夫婦認爲，爲愛結婚是個完美的理由。對我的許多學生來說，這是前言所述黃眼貓故事的另一個版本，對他們來說，爲愛結婚不僅是一件美事，還是人生最幸福的一種境界，這是他們從小到大耳濡目染的一個觀念。

我有個朋友曾經對我說過，他愛上了戀愛的感覺。我知道他這話是什麼意思，墜入愛河確實能讓人非常陶醉，尤其如果對方也愛你，這種感覺尤其美不可言、非常甜蜜。終於，他在無心插柳的情況下因爲愛而結婚，結果這樁婚姻卻搞得一團糟。問題就在於，許多人往往將愛與婚姻混爲一談；戀愛在很大程度上仰仗投射，相形之下，健全的婚姻比較與投射無關。

就像憎惡是我們將自身負面素質投射到其他人身上所造成的結果一樣，愛也是我們將自身正面素質投射到其他人身上所造成的結果。我們在墜入愛河時，讓我們愛上的，是我們希望自己擁有的特質，或是我們已經擁有、也希望與另一人共享的特質。在一般的情況下，這些讓人欽慕的特質與我們的自我形象有所出入，所以我們刻意避免自己擁有它們，而將它們投射到另外一人的身上。隨著時光流逝，這些理想化的投射影像，逐漸因爲人生種種現實而消磨殆盡；主要搭建在投射素質之上的婚姻，也因此總是以失敗收場。

如果夫妻雙方都能夠因爲做自己、不做作而快樂，彼此還能因此更添愛慕，婚姻自然能夠成功。誠如普尼夫婦所說：「夫妻雙方都在追求坦誠與溫馨，都在探討自我潛能（性能力與其他許多能力），透過與對方步調一致的合作，讓這所有的潛能相得益彰。這樣的夫妻不會一心一意只追求被愛、只想保持浪漫幻覺，他們追求的是攜手共享人生。」

愛是非理性活動的終極表現。有人問你爲什麼會愛上你的另一半，你可能會說：「因爲她很聰明呀！笑起來很迷人，而且對動物很有愛心。」但這些理由顯然只能算得上是一半眞實。你可以找到許多「很聰明、笑起來很迷人，而且對動物很有愛心」的女人，爲什麼你並沒有全部都愛？沒有人知道自己究竟爲何墜入愛河，普尼夫婦認爲這是因爲投射。你可以說這是因爲化學作用、命運或其他什麼的，你被那些會吸引你的人吸引、迷上那些會令你著迷的人，無論你爲自己找了什麼理由，這些理由很可能都只是狗屁。

過去，我對由父母安排婚姻大事的習俗很不以爲然；奇怪的是，在訪問過印度、在當地人士家中住了一段時間以後，我的態度完全改變了。在印度，我看到夫妻之間眞誠互愛，程度不僅不下於美國，甚且尤有過之。現在，我覺得印度青年男女相當幸運，因爲按照當地文化，愛他們、了解他們的父母，會採取行動協助他們，幫他們尋找適當的婚姻伴侶。

根據印度的文化傳統，婚姻不僅是兩個人，也是兩個家庭所有成員的結合，這也是非常吸引人的想法。經由這種方式結合的婚姻，雖然不是一種完美的系統，做父母的可能迫使子女成婚，有時還有不可告人的動機，但根據我的經驗，教育水準高的家庭一般不會有這類狀況。如果男女雙方兩家人都享有否決權，我相信，比起線上約會與上酒吧廝混——今天的美國單身男女如果想要成家，主要選項似乎就是這些了——這套系統在許多方面都優越得多。基本差異就在於：在美國，男人娶他愛的女人；在印度，男人愛他娶的女人。

關於做決定這件事

你在針對一件事做決定的時候，總是需要找個「很好的理由」。就算是最微不足道的決定，也很容易讓人受盡折磨。我太太與我兒子的猶豫不決簡直是到了極點，我兒子無論做什麼，總是要等到最後一分鐘，他的心態是：除非絕對必要，否則何必讓自己投入，因爲等等說不定能夠遇上更好的機會。這套邏輯或許對他管用，只是苦了他身邊的人。至於我太太，無論面對什麼選項，她看到的總是負面，所以稍有瑕疵的東西，她一定不肯選用。

我太太與我兒子都是「布利登之驢」（Buridan's ass）兩難式的受害者，這名詞源自十四世紀法國哲學家榮・布利登（Jean Buridan）的一個小故事。布利登杜撰的這個老故事說，有一頭驢子，面對兩個理性選項，一是吃草，一是喝水，但由於這兩個選項同樣誘人，這頭驢子左思右想，始終拿不定主意，最後竟然餓死了。布利登根據這個故事提出「布利登之驢法則」：在做決定時，先將最負面的選項去除，以免落得像那頭驢子一樣的下場。我太太基本上等於改造了這項法則，至於我那個兒子，往往因爲猶豫不決而陷於餓死的險境。

直到如今，每回想起多年前那次法國鄉間之旅的經驗，仍然讓我不禁莞爾。那天，我開車來到一處三叉路口，左右兩邊的路牌上寫的都是同一個村莊的名稱。所以，我把車子停在路邊，花了好幾分鐘皺眉苦思，不知道應該往右還是朝左。當然，結果是無論朝左、往右都沒關係，因爲兩條路都通往同一處！有一句老話說：「如果你不知道自己會走到什麼地方，無論選擇哪條路都沒關係。」只要記住這句話，我們都能夠做得很好。

在做重要決定以前，必先謹慎思考，這是很好的人生法則。但是，人往往是思考得沒完沒了，就像前文那頭驢子一樣，儘管相關資訊一應俱全，就是做不出決定。

在我幫學生做一個人生的重大決定時，我發現，一旦學生將問題攤開、我們也討論過每個選項的利弊得失之後，就是展開我所謂的「手槍測驗」的最佳時機。不騙你，這是個非常科學的測驗。我伸出手指比成手槍，指著學生的前額說：「現在，我給你十五秒鐘的時間做決定。不做，我就開槍。你的決定是什麼？」

他們其實早就知道答案了！就算他們最後沒有採取那個做法，這個測驗一般都能夠幫助學生紓解決策過程累積的壓力，讓他們更快下定決心。我還想了另一個方法，就是我所謂的「人生旅途法」。如果學生提出一個問題，這個問題有兩種可能的解決之道，我會要學生採用其一，然後想像採用以後的人生會像什麼樣子。情況可能是這樣的：

學生：好吧！我決定去念博士。

我：那以後呢？

學生：我會拿到博士學位。

我：很好。那以後呢？

學生：我畢業後會找到工作，當大學教授。

我：很好。那以後呢？

學生：我會結婚，買一棟房子。

我：很好。那以後呢？

學生：我會生孩子。

我：很好。那以後呢？

學生：我的孩子長大了，也結婚了。

我：很好。那以後呢？

學生：我老了。

我：很好。那以後呢？

學生：我死了。

然後，我會要學生想像，如果她選擇另外一條路，人生會像什麼樣子。情況可能是這樣的：

學生：我讀完碩士學位以後，就離開學校。

我：那以後呢？

學生：我在產業界找到一份工作，或是自己開一家公司。

我：很好。那以後呢？

學生：我賺了很多錢。

我：很好。那以後呢？

學生：我會結婚、生孩子、買房子。

我：很好。那以後呢？

學生：我老了，後來死掉。

我：所以，最後結果還是一樣的。

無論你選擇哪一條路，到頭來都是一死。

做這項問答的用意，在於讓人了解，人不可能知道一個決定會導致什麼結果。想在人生旅途上邁步向前，最好的辦法就是時刻不忘「設計思考」的那套方法論：展現一種對行動的偏好，而且不害怕失敗。決定只是人生旅程的一部分而已，世事無常，變數太多，想一窺決定可能帶來的結果，只會浪費時間而已。我相信，若能接受這一點，對我們爲人處世好處多多。一旦認清大多數的決定並不攸關生死，我們在做決定時就不會那麼提心吊膽、猶豫不決了。

沒錯，我的看法有許多地方與決策分析理論背道而馳。這些理論主張以分析手段做出好決定，甚至在資訊不明確的情況下也沒關係。不幸的是，在面對個人事物性決策問題時，使用量化工具未必適當，因爲它們無法掌握問題的精髓，容易產生誤導性的結論。

先知道追求什麼，再來思考方法與答案

許多年前，我在印度生活了一段時間，住在班加羅爾（Bangalore）的印度科學研究所（Indian Institute of Science）的迎賓會館。當時，有一位名叫庫瑪的年輕工程師，每幾天總會過來看我一次。有一次，庫瑪過來對我說，他要離開班加羅爾了，三週後才回得來。他要搭火車回他印北的老家，選一位新娘。庫瑪的家人爲他找了六位新娘

候選人，他將與她們會面，從中挑選一位最合適的結婚。

一個月以後，庫瑪回來了，還帶著一個捲成一團的遮光簾。他把簾子打開，我發現裡面是他製作的一張大而複雜的加權決策表（weighted decision table），就是決策分析理論使用的那種標準工具。表上列了六位新娘候選人的名字，每一行代表其中一人。表上有七個欄，每一欄的頂端注明他最關心的一種特質。庫瑪根據他對這些特質的重視程度，爲每一項特質訂一個加權值。他在每項特質的下面，爲每一位候選人從一到十打了一個分數，然後用他賦予的加權值乘以這個分數。他訂的這七個加權值加總起來爲十，換句話說，如果他對這七項特質同樣重視，每項特質的加權值應該都是七分之十，差不多等於一．四。

最後一欄顯示這七項特質得分的總分，總分最高的那位女子（第二位候選人）就是他選上的新娘。這樣選老婆非常理性，好的工程師本當如此。他開始向我透露此行與那六位女子會面的細節，但他透露得愈多，事實也就愈明

姓名	外表	個性	魅力	教育	職涯發展	財富	家庭	總分
姓名 1	8	10	14.4	15	7.2	5	12	71.6
姓名 2	7.2	16	18	12	5.4	8	18	84.6
姓名 3	7.2	14	10.8	10.5	4.5	6	16	69.1
姓名 4	6.4	18	12.6	6	1.8	6	14	64.8
姓名 5	8	8	12.6	10.5	3.6	4	12	58.7
姓名 6	6.4	12	16.2	13.5	7.2	8	18	81.3

顯：他的選擇並不像他說的那麼理性。

這個選妻過程有兩大不客觀之處：首先，當然就是他爲每位女子打的分數完全是主觀的；其次，在訂加權值的時候，他對自己並不完全坦誠。比方說，他告訴我，他不在乎妻子是否富有，所以他爲「財富」這項訂的加權值很低，只有一分。但他爲「家庭」訂的加權值比這高了一倍，我問他根據什麼標準來爲「家庭」這項打分數？從他的答案中，我發現，他的標準就是這個家庭富不富有。

最讓人不解的似乎是「職涯發展」這項的評分。庫瑪告訴我，他的妻子一定得是職業婦女，不是那種待在家裡的主婦。但他同時也要求妻子必須會下廚，這樣如果他下班臨時決定帶幾個同事回家用餐時，才不會搞得手忙腳亂。所以，他爲「職涯發展」這項打的加權值只有〇．九分。

儘管他講了一大套，但情況很明顯，爲了讓那位在那次短暫會面中令他最心動的女子脫穎而出，他操控了這些數字。這哪是什麼分析思考？但事實證明，憑直覺選擇的效果也不差，庫瑪與他的妻子如今已經結髮超過二十五年，生活幸福美滿。

決策已經成爲一門重大行業，新的決策工具不斷出爐，但這所有的工具，都以一種需要邏輯、系統性思考的信念與價值系統爲基礎，對那些天生喜歡批判、重視所謂理性思考的人而言，這種做法很有吸引力。如果它果眞能讓我們在面對大多數人生十字路時做出好決定，那就太好了；不幸的是，它往往不能。

根據我的經驗，量化方法與感情，都有它們的可用武之處。我比較講求實際，但我並不鄙視我的直覺。如果一項工具能爲我帶來好答案，我會用它。《白鯨記》（*Moby Dick*）中的船長亞哈（Captain Ahab），曾對自己追捕大白鯨的事有下列這一段告白：「我的一切手段都很明智，我的動機與我的目標卻很瘋狂。」在做決定時，記住亞哈這句話不會有害處。

如果你遇上的，是那種不能以理性答覆的問題，就算運用最上乘的科學方法也是白搭。亞哈船長的行動很合邏輯，但他追逐的卻是一種不理性的目標。先確定你的動機合不合理，之後再花功夫思考能不能找出答案也不遲。

教授的建議別盡信，你的命運由自己決定

我有一個來自保加利亞的博士班學生，父親是著名的教授，在保加利亞過的生活相當優越。他很聰明，也很好奇。

在上了一段時間的課以後，他開始問我一些有關美國、令他不解的問題。比方說，保加利亞的汽油價格全國統一，但在美國有些加油站的收費比其他加油站的貴，他無法理解這些收費較高的加油站怎麼能夠生存，所以問我：「難道大家不會去最便

宜的加油站加油嗎？」

那時，我還不眞正知道怎麼回答這個問題。當然，換在今天，有了 d.school 心態的我，很可能會對他說，他問的這個問題，應該去問那些在比較貴的加油站加油的人！無論如何，透過他質疑的眼光來看美國，是非常有趣的經驗。

有一天他來找我，提出一個嚴肅的問題。他發現，在美國生活，沒有信用卡很多事根本就辦不成。他無法租錄影帶、無法租車，許多地方還會要他出示第二身分證明，而他沒有這樣的文件。問題是，除非已經有信用，否則他無法申請信用卡。於是，我決定讓他和我申請一張聯合信用卡。

我打算這麼做：我不使用這張信用卡，支付帳單完全是他的責任。我們在郵箱中收到兩張卡，我把我的卡片剪掉。隔幾天，他帶著一封信來找我。信上說，由於我們申請了這張信用卡，所以有權買一組加拿大卑詩省（British Columbia）樂透彩券的套票，只需要花二十美元，我們就有機會贏得非常大的獎項。他問我做何想法？我用紐約街頭智慧向他解釋，只有傻瓜才會上當花這種錢，我要他把這封信丟進垃圾桶了事。再怎麼說，就算這不是廣告噱頭，憑他的智慧，一定算得出中獎機率小得離譜。毫無疑問，這些都是不該買這組套票的良好理由。

現在，請閉上你的眼睛，想想這事怎麼結尾？

想完了？好吧，眼睛可以睜開了。

事情的結果是這樣的：他寄出二十美元，結果贏得一份大獎，可選擇一輛豪華汽車，或是八萬加幣。他選了八萬加幣，由於他是外國人，這筆彩金還不用繳稅。他和他的未婚妻用這筆錢辦了婚禮，還付了購屋頭期款。不久，他們有了孩子，在加州過著快樂的日子。

我很慶幸，還好他沒有聽我那些經驗與專業累積而來的理性忠告，而且發生這種「不聽建議比較好」的事，還不是第一次。我想，一旦遇上眞實人生的意外，就算是教授所知的也不多。說這個故事的用意，並不是要你不聽一切勸告，重點是，無論好壞，做了決定就必須承擔後果。無論你選擇做或不做某件事，聽或不聽某人的建議，當你做決定時別忘了一件事：就算勝算很小，你仍有可能取勝。人生是一場賭博，到頭來，自己的命運還是得由自己決定。

是誰阻擋在你的面前？

如果你眞的想做一件事，只要去做就行了，一切就是那麼簡單。要記住，我這裡說的是眞材實料的東西，不是憑空捏造的幻想，終有一天，一切花招巧計都屬多餘。事情成敗的關鍵，最後都在於「試」與「做」的差別，在於「用嘴說」與「動手做」

的差別；最後，一切終將取決於兩項基本要件：意願與注意力。你是否眞有做的意願？是否願意付出必要的注意力？

如果你願意，只需要動手做就行了。用「設計思考」的用語來說，時機已到，讓我們啓動所謂「行動偏見」，決定如何邁向你的目標吧！

假設，你的目標是寫一本書。每天上 Facebook 五次，並不能幫你寫成一本書。整天談論寫書這件事，也不能幫你寫成一本書。與朋友簡訊來簡訊去也不能……你知道我的意思了。甚至，加入一個作家團體或參加一個作家會議，也不能幫你寫出什麼作品。想寫一本書，你就得老老實實地坐在椅子上，用手指在鍵盤上打個不停；你必須投入寫作，就算初稿寫得慘不忍睹也沒關係。

在動手寫這本書之初，我每天提早起床，以便在我太太露絲醒來以前寫一點東西。雖說這麼做讓我睡眠時間少得可憐，我還是照做不誤。偶爾，我會放自己一、兩天的假，不過那只是例外。每天一大清早，我就會守著我的電腦，直到這本書完成爲止。這是例行公事，我將它列爲不受其他任何事干擾的第一優先要務。

在談到誰阻止我們、讓我們無法完成目標時，我們談的往往是一句不好聽的話，通常是某種批評。你的家人或許有一次不假思索、說了什麼侮辱你的話，或是老師可能給你打了壞成績，過去的老闆可能認爲你很笨……，但這些不好聽的話，事實上都不能阻撓你，那些只知道批評他人的人，也不值得你牽腸掛肚。就算他們偷了你的鍵盤，打爛你所有的筆，他們仍然不能夠眞正阻止你。

在現實生活中，通常不會眞的有人想要阻止我們，讓我們無法完成自己的目標。英國電視影集《密諜》（*The Prisoner*）將這種情勢描繪得淋漓盡致，在影集整個過程中，那位名叫「六號」（Number Six）的英雄主角，一直在逃避壞人的追殺，那些追殺他的壞人都是大魔頭「一號」（Number One）的手下。直到最後一集，六號終於爲他百思不解的一個問題找到答案，他的問題是「誰是一號？」

在影集第一集的劇情中，他第一次聽到問題的答案時，很像是在告訴他「你是六號」（You are Number Six）。現在他終於了解，「誰是一號？」的答案，其實是「是你，六號」（You are, Number Six）。原來，他一直抽象地將自己關在牢籠裡，誠如二十世紀著名作家法蘭茲・卡夫卡（Franz Kafka）所說：「關他的，是一個有鐵欄的籠子。他在籠子裡悠遊自在，就像在自己家裡一樣。外界的喧鬧吵雜，在鐵欄與鐵欄之間流進流出。這名囚犯事實上很自由，想做什麼就可以做什麼，外界的事沒有一件能逃得開他。他只需要走出籠子就行了，因爲這籠子的鐵欄相隔足有好幾碼那麼遠，他甚至不能算是囚犯。」

就算遇到眞正的障礙，我們還是有可能可以繞道而行。多年前，露絲與我一起在印度旅行時，我們為了想提早一天離境，便打電話改機票。我們在清晨兩點抵達德里機場時，警衛不讓我們進入航站大樓，因為我們的機票上注明第二天離境。我們向他解釋，說我們已經改了啓程時間，但他就是不放行。

我用手指著眼前不遠處的聯合航空公司（United Airlines）櫃台，對他說，讓我前往櫃台更改機票，我再回來向他出示機票；他拒絕了。我說，那這樣吧！我把護照交給他做質押；他不肯。我說，把太太留在這裡做擔保；他還是不肯。我說，把護照與老婆都交給他；他照樣拒絕不誤！

於是，我壯起膽子幹了一件事。我看到他佩帶的那把槍，它看起來很舊，多半是殖民時代留下的老古董，看起來只是帶著好看，不是眞正管用的。我盤算，他要是眞的開槍，那把槍在他手裡走火炸開的機率，比子彈眞的射中我的機率還大。於是，我冷靜地握著露絲的手，繞過他走了過去。他沒有開槍，我也沒有回頭。

在大多數時間，我們並未遭遇武裝警衛攔路，我們只是自己阻攔了自己。我們就是那個「一號」。決定做什麼或不做什麼，都是你自己的事，得由你自己負責。不要責怪他人，不要為你的行為找理由、找藉口。儘管在一時間，藉口或許似乎可以幫你脫困，就長遠而言，它們往往有害無利。

同樣二十四個小時，爲什麼有些人完成的比較多？

我們在做不到什麼事的時候，經常用的一個最大藉口，就是沒有時間。我們每個人一天都只有二十四個小時，但德蕾莎修女（Mother Teresa）、愛因斯坦（Albert Einstein）、比爾．蓋茲（Bill Gates）與馬丁．路德．金恩二世（Martin Luther King, Jr.）的成就，比其他許多人多得多。

差別還是在於意願與注意力。德蕾莎修女這些人的時間並不比其他人的多，但他們能夠充分利用時間。當一件事成爲你人生的優先要務時，你必須願意放棄一切可能干擾你、讓你做不到這件事的東西。如果有個對你沒有用的東西占了你的時間，你爲什麼還要在它身上花時間？你的鐘既生不出額外的時間，你該怎麼做，才能完成你需要完成的事？

或許，花幾天時間寫日誌，忠實記錄你一整天做了些什麼事，了解每件工作花了多少時間，對你而言會很有幫助。你花在早上沐浴更衣、準備上班的時間，花在傳訊、回覆電子郵件、上網、玩遊戲的時間，是不是比你想像的多？當你想要完成一件什麼事的時候，就算是閱讀或做菜這類正面性的事物，也可能占用你太多時間。當你需要完成一篇報告，或是一份長篇大論的申請書時，請不要再耽擱拖延、坐著想東想西，你應該撇開其他日常活動，啓動你的行動偏見，先把工作做好再說。不要再花時間做菜，直接開罐頭果腹。不要再看報紙，把工作做完以後再看，或者乾脆將它們直接丟進垃圾桶。

在現代世界，吞噬時間的陷阱，多得不勝枚舉。不要掉進去，把時間奪回來，完成你想做的事。

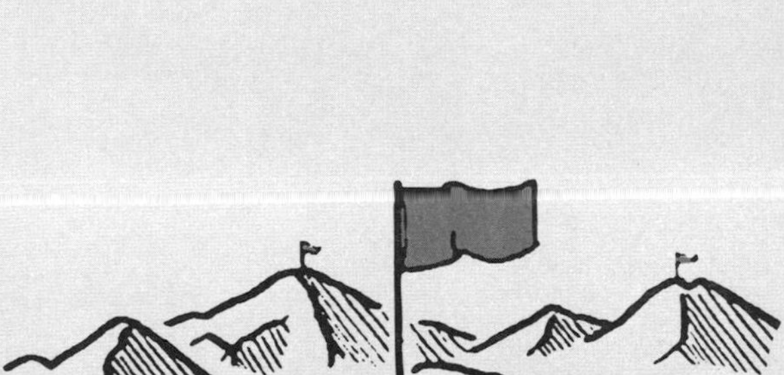

GETTING UNSTUCK

3 二十二個小技巧，打開你的創意腦

如果一件事情不值得做，它也不值得好好做。

——無名氏

有個醉鬼走在路上，迎頭撞上了一盞路燈，被撞退了好幾步。在站穩以後，他再次舉步，又撞上同一盞路燈，同樣被撞退了好幾步。等到他再度站穩腳步，又舉步向前，結果還是像之前一樣，又撞上了同一盞路燈，被撞退了好幾步。這場鬧劇就這樣繼續重複了好幾次，最後這個醉鬼沮喪之至，跌坐在地上說：「我投降了！它們已經把我團團包圍住。」

如果我們沒有喝醉，看到前方有障礙，或者被撞了一、兩次之後，我們總會自己繞過那個障礙。不幸的是，有時我們仍然覺得窒礙難行，此時的我們往往就像那個醉鬼一樣，認爲自己已經被困住。

假設你很清醒，你應該怎麼繞過障礙？

顛倒思考，避開路燈

答案就是：改變你對問題的思考方式。某次我為設計班上每位學生出了一項作業，要他們找一件讓他們人生困擾的事，然後加以解決。有位名叫克里希納的學生自告奮勇地說，他的床壞了，害他每天睡得不安穩，他要把這個問題當成作業來解決。一場持續幾週的修床鬧劇，就這樣展開了。

克里希納在第一週說，他找不到合適的鋼絲來修補床框；第二週說他找不到合用的工具；第三週說他找不到小彈簧。最後，我忍不住告訴他，如果他不能在下週解決問題，這學期他就會不及格。到了下週，他眉開眼笑地來到班上，我知道這場鬧劇已經告終。我要他起來報告時，他只說了一句話：「我買了一張新床。」

我們在遇到困難時，往往把「答」當成「問」來做，克里希納這場修床的鬧劇就是很好的例子。「設計思考」強調一件事：不管做什麼，你永遠要確定自己解決的是真正的問題。克里希納錯就錯在，他一開始就把問題給搞錯了。在最初幾週，他想解決的問題是：「我該怎麼修理這張床？」他遭遇的真正問題當然是：「我要怎麼做才能一夜好眠？」發現真正問題所在之後，他大幅拓展了問題的解決空間，並且得以走出修床帶來的困境。一旦克里希納開始解決真正的問題，解決辦法就變得很簡單：買一張新床就行了。找出眞正的問題，讓他繞開那些叫做「修床」的白找路燈燈桿。

往更高的層次邁進

你是否曾經有過似乎不可能解決的問題？你搜索枯腸，或許還鬧到通宵難眠，但問題卻仍然解決不了。我敢說，你之所以這樣，是因爲你把眞正要解決的問題給弄錯了。當你找不到答案時，原因往往是你問錯問題。

爲了便於說明，我們且以「我如何才能找到一個配偶？」這個問句爲題。這個問句雖然在最後帶了一個問號，但並不表示它一定是個問句。若把「我如何才能」這幾個字去掉，它就成了一個陳述句：「找到一個配偶。」你也可以把這個陳述句視爲答案。所以，你可以把「找到一個配偶」視爲答案，也可以將它視爲問題。

「找到一個配偶」如果是答案，那麼它相對應的問題會是什麼？這類問句很多，幾個比較有可能的是：

我如何才能找到伴侶？

我如何才能得到照顧？

我如何才能停止工作？

我如何才能有（更多的）性生活？
我如何才能讓父母不再對我嘮叨？
我如何才能取得一個比較好的經濟處境？
我如何才能改善我的社交生活？
我如何才能與友人看齊？

如果將前述每一個問句都視爲問題，都有許多可能的解決辦法。對這每個問題而言，「找到一個配偶」都只是其中一個可能的解決辦法而已；事實上，針對這每個問題，它可能都還不是個很好的解決辦法。

經驗告訴我，我們會因爲問題解決不了而失眠，主要原因之一便是我們自以爲在處理一個問句，但事實上我們處理的，是一個與眞正問題不很切合的答案，也就是一個解決辦法。

有個方法能幫我們繞過這種矛盾，那就是問：「如果解決這個問題，能爲我帶來什麼好處？」在找出這個問題的答案以後，你可以將答案轉換成一個新的、更有意義的問句。

如果我認爲，我要找一個配偶來滿足我對伴侶的需求，眞正的問題應該是：「我如何才能找到伴侶？」找配偶於是變成不過是找伴侶的各種選項之一而已。藉由改變問句，我改變了原有的觀點，大幅擴增了可能的解決辦法。

這情勢起初可以用下頁圖一來說明，但由於我一直到目前都還沒有找到配偶，所以可以採取另一種做法：改問找到配偶能爲我帶來什麼好處？請見下頁圖二。我的答案是：找到配偶以後，我就有伴了，於是新問句變成：「我如何才能找到伴侶？」下頁圖三顯示了可能的答案。結果，我不再鑽牛角尖、只想找配偶了。事情就這麼簡單。

一旦碰上難以解決的問題，先找出你對解決辦法的期望是什麼，這能將你帶進一個更高的層面，爲你帶來更好的問句。改變問句往往已經足以導出令人滿意的解決辦法，並且將原先的困境化於無形。在前述這個例題當中，如果我想出不結婚也可以找到伴侶的辦法，那麼「找配偶」這項原本議題就不存在了。

我們也可以從較高一層來展開這種思考過程，例如找伴侶這件事讓我困擾不已，我可以問：「如果找到伴侶，能爲我帶來什麼好處？」可能的答案包括：

我會覺得人生沒那麼乏味。
我能夠從中獲得社交刺激。
我能夠從中獲得智識刺激。

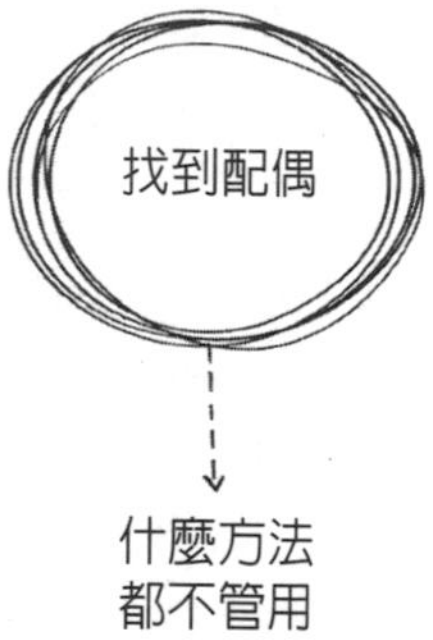
找到配偶
什麼方法
都不管用

圖一

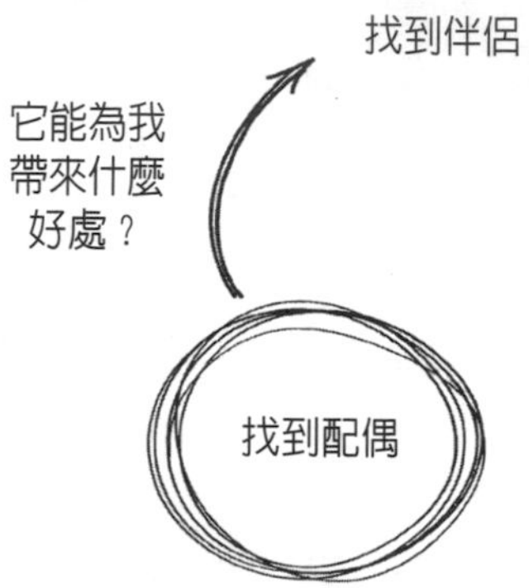
找到伴侶
它能為我
帶來什麼
好處？
找到配偶

圖二

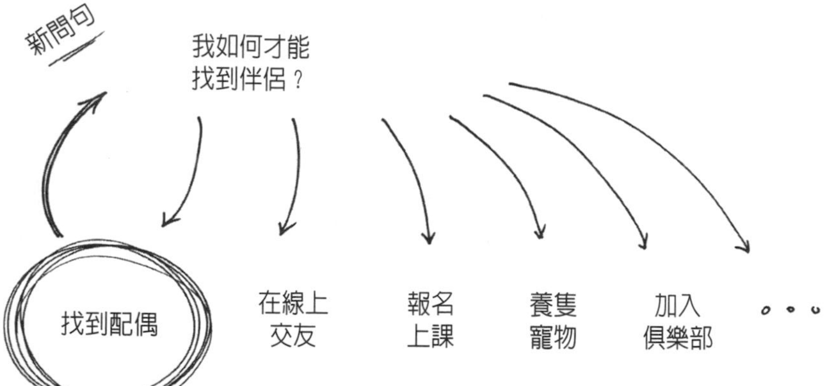
新問句
我如何才能
找到伴侶？
找到配偶
在線上
交友
報名
上課
養隻
寵物
加入
俱樂部
。。。

圖三

我會不再感覺那麼寂寞。

我會更有安全感一點。

如果我選了其中似乎最能引起我共鳴的答案：「我會不再感覺那麼寂寞」，然後把它轉換成一個問句，就會產生一個新問句：「我該怎麼做，才會不再感覺那麼寂寞？」這個新的問句與原始問句「我如何才能找到一個配偶？」已經天差地遠了。許多已婚男女覺得婚姻生活味同嚼蠟，寂寞難耐。顯然，就算解決原本那個問題（尋找配偶），也未必能夠解決「感覺孤單」這個眞正的問題。發展至此，情勢已經演變成下頁圖四的樣子。

每當你碰上不解難題，讓你輾轉難眠時，不妨試試這個過程，它往往能爲你帶來各種新的解決辦法。原始問題消失，前程豁然開朗。

不過，想讓這套方法成功，你必須誠實面對自己。無論撞路燈燈桿的經驗已經讓你多麼習以爲常，你都不能守著原始問題不放，你得了解一點：我們都喜歡找藉口，將我們官能失調的行爲理性化。要記住，我們不會說它們是藉口，只會說那是眞正的理由，它們當然也都是「很好的理由」，不是嗎？

「解決……，對我有什麼好處？」這個問題的答案往往不只一個，但這不重要，

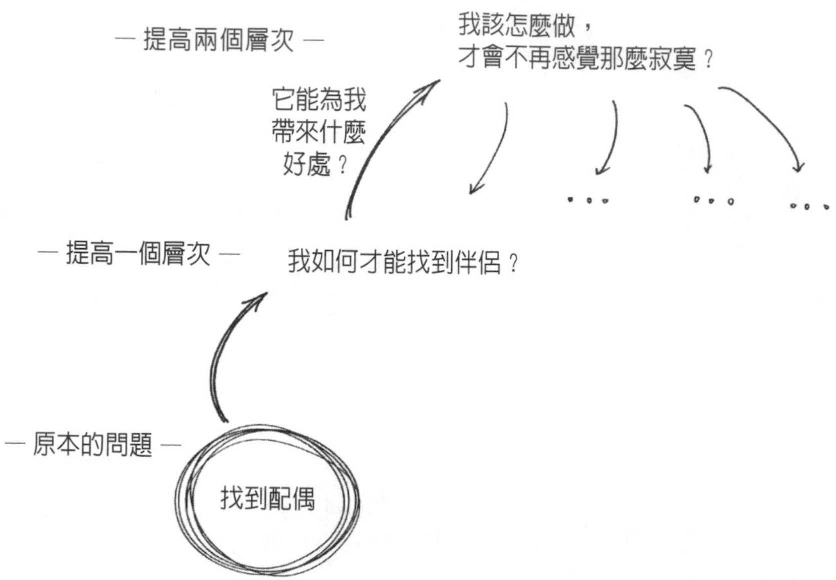
— 提高兩個層次 —
我該怎麼做，
才會不再感覺那麼寂寞？
它能為我
帶來什麼
好處？
…
…
…
…
— 提高一個層次 —
我如何才能找到伴侶？
— 原本的問題 —
找到配偶

圖四

重要的是，你得運用不同的「我如何才能」來反覆這個過程，直到你發現眞正的問題而豁然開朗爲止。

我有一些學生說，他們覺得這套方法事實上並沒有解決原始問題，只是用另一個可以解決的問題來取代原始問題而已。這些學生並不了解，最好的解決辦法往往就是將問題拋棄，尤其當你根本就搞錯了問題時。

如果不能捨棄原始問題，這套方法也會變得不通。舉例來說，有位母親在我的研討會中問道：「我該怎麼做，才能確保我女兒可以進一所好的大學讀書？」這位母親費了好一番掙扎才承認，對她來說，解決這個問題最主要的好處，其實是舒緩她的焦慮。在完成這項跳躍性進展以後，她的問句提高了一個層次，變成「我該怎麼做，才能不再那麼焦慮？」這在本質上已與她女兒能不能進好大學讀書相去甚遠，事實上幾乎已經毫不相干。就算她女兒真的進了好的大學，這個做母親的，可能很快就會開始為另一個問題愁苦不堪。如果她能夠誠實地面對自己，就能發現真正的問題其實是她的焦慮，這樣才能展開行動、解決問題。

我們來解決你的問題吧！

接下來，來試試看顛倒思考的過程。請想一個讓你輾轉反側、無法成眠的問題，它應該是那種讓你心煩不已，而且直接關係到你的人生、你的人際關係或你的工作的問題，不是那種抽象或類似「如何謀求世界和平」之類的全球性問題。

把你的問題寫成一個簡短的「我該怎麼做，才能……」的問句，然後自問如果把問題解決了，能為你帶來什麼好處？換言之，如果你不再因為這個問題睡不著覺，它能為你帶來什麼好處？把這個問題的答案，寫在你原始問句的上方，然後把它再改寫成一個問句，花幾分鐘的時間思考能解決這個新問題的辦法。

如果你能敞開胸懷，此時的你，很可能已經繞過了阻礙你的路燈燈桿。

不過，我們且假定你仍然困在那裡，看不出如何解決你的新問題。現在，我們再把問題往上提升一層，請根據你的新問題自問：如果把這個新問題解決了，能夠帶來什麼好處？然後，把答案寫在新問題的上方，這樣就產生另一個更新的問句。想想這個更新的問句的可能解決之道，你應該很快就會發現，你已經在不久前繞過另一根路燈燈桿。但如果這樣一試再試，原始的問題仍舊存在，或是你仍然看不出解決之道，極有可能的一個原因是，你一開始並沒有對自己說眞話。在這種情況下，你應該要從頭再來一遍！

重組問題，找到眞正的解方

當我們發現一個問題之後，往往喜歡一頭栽進去，以尋求解決辦法。但在許多案例中，如果能夠先對問題重加思考，我們往往都能夠做得更好。重組問題能夠帶來更好的解決辦法，心理健康領域的專業人士經常使用「換框法」（reframing），它是一種強大的治療技巧，背後的基本概念是將一種經過改變的省思注入你的思維中。爲了讓各位更了解它的概念，我把一個關於電燈泡的經典笑話，略加修改如下：

有人問：想要改造一個電燈泡，需要多少設計思考領域的專家？

一位設計思考專家回答：爲什麼要改造電燈泡？

陳述問題的方式五花八門，在商業與設計思考的世界，大家慣用的幾種有「機會型陳述」（opportunity statements）、「我們如何型陳述」（how-could-we statements），以及各式「觀點」（points of view, POV）等。

我比較喜歡使用的是「觀點」，它不是一個嚴格定義的概念，「它的目標是界定一個人的需求，不是我們心中認定的這個人的需求，而是這個人的「眞正」需求。如果你想發掘新事物，就得從一個問題、而不是從一個解決辦法下手。這點非常重要，因爲一旦你在時機還未成熟的情況下提出解決辦法，發現的進程就會因此關閉。

重組問題，基本上就是改變觀點。我們在 d.school 有過幾個透過重組取得輝煌成果的例子。我們把「極端需求企業設計」（"Entrepreneurial Design for Extreme Affordability"）班的學生送到緬甸，進行一項與灌溉有關的專案。這些學生的工作項目，還包括與當地的貧農生活在一起，以了解農民引水灌溉時面對的基本問題。他們注意到，由於農村沒有電力供應，農民使用蠟燭與煤油燈照明。而農民住的簡陋小屋通風不良，他們可以聞到燃燒煤油發出的惡臭。他們也發現，使用蠟燭與煤油要耗掉農民約二五%的年收入。

有些農民將燈泡接在老舊的汽車電池上，好讓子女在天黑後還能做家庭作業。在這些家庭，做母親的必須騎幾個小時單車往返，只爲了幫電池充電，而且必須不斷地重複進行這項枯燥乏味的工作。經由這一切種種，史丹佛的學生們察覺，對這些農民來說，照明是個重大的問題，於是他們說服農村教育團隊，把原本的「觀點」從處理灌溉需求，轉移到處理照明需求。

後來，這班學生研發了比其他太陽能燈便宜，而且更易於使用的太陽能發電LED工作燈。他們成立了一家叫做d.light的營利公司，到二〇一三年年底，該公司已在四十二個國家賣出兩百多萬個LED工作燈。d.light可望持續成長，爲世上沒有電力供應或供電時斷時續的地方，提供民眾負擔得起的太陽能燈。在這個案例中，那些學生並沒有在面對引水灌溉這項議題時立即全力衝刺，他們先透過實地考察找出眞正的需求，然後針對這些需求重組「觀點」，最後績效斐然。

另一組參加「擁抱」(Embrace)專案的學生，則展現了另一種問題重組的能力。「極端需求企業設計」班的學生，應一個非營利醫療組織之請前往尼泊爾，處理早產嬰兒恆溫箱的相關問題。這種恆溫箱每個造價約兩萬美元，與美國醫院中使用的一樣。該非營利組織要求學生解決的問題有兩個層面：尼泊爾當地很難找到恆溫箱的維修人員；而當地經常停電，也讓它們的效果大打折扣。當學生們還在史丹佛的時候，曾經想過透過備用電池，以及重新設計恆溫箱、簡化零組件的方式來解決問題。有意思的是，在他們抵達尼泊爾之後，他們發現就算是運作完全正常的恆溫箱，使用率也很低。於是，他們開始到尼泊爾各處探訪，走訪的地方愈多，愈發現只有城裡的診所有恆溫箱，許多住在山區的婦女很難找到恆溫箱爲她們生下的早產兒救命。

了解這點之後，學生們重組了他們的觀點。他們想到，與其解決保持恆溫箱正常運作這個屬於醫生的問題，不如解決在第一時間就地爲早產兒保暖以保命這個屬於母親的問題。因此，他們設計了一種基本上就是迷你睡袋的東西，它有一個可以取下的小袋，裡頭有一塊蠟狀物，一經加熱就會融化爲液體，可以保持必要溫度將近五個小時。而且，加熱不需要用到電，只要將小袋置於水中，將水燒滾就可以了。

最大的好處是，他們研發的這種設備，售價僅及傳統恆溫箱的一%，而且救命用途很廣，遠遠超過傳統恆溫箱的範疇。這些學生面對的原始問題本是「如何改良恆溫箱？」，當他們發現它其實是一個行不通的答案時，重大突破出現了。他們自問「改良恆溫箱，能夠帶來什麼好處？」從而找到真正的問題：「如何才能爲早產兒保暖以保命？」

到二〇一四年四月爲止，已經有三大洲的十一個國家，使用擁抱專案的嬰兒保暖袋。這種保暖袋已爲五萬多個體重不足的早產兒，提供有創意、低成本，而且眞正能救命的科技，嬰兒的存活人數因此與日俱增。

找到解決辦法以後，也可以用重組問題來尋求更上一層樓的方法。多年來，道格・迪亞茲（Doug Dietz）一直是奇異醫療（GE HealthCare）的醫療診斷裝備設計師。有一次，他前往當地一家使用他設計的核磁共振機的診所，碰上了一次改變他一生的遭遇。

道格向診所技術員自我介紹，這位技術員告訴他，大家對他設計的機器評價很高，說得他陶陶然，彷彿置身雲端霧裡。隨後一家人出現在診間，好說歹說想讓一個斷聲尖叫的小女孩靜下來。那個小女孩一進到那間可怕的掃描室，眼見一屋子的陌生人與那部巨大的核磁共振機，便嚇哭了。工作人員為了防止她亂動，只好給她打鎮靜劑，以便進行檢驗。道格沒想到為兒童打鎮靜劑，居然成為檢驗過程中理所當然的一道手續。當他發現三到八歲的孩子有將近八五％，必須先打鎮靜劑才能開始檢驗以後，他覺得自己的設計失敗了。

事隔沒多久，道格在參加 d.school 一項為期三天的密集主管教育研討會時，察覺自己的核磁共振機設計過程有一項缺失。他發現，儘管他在設計過程中，曾經和客戶的工程師、行銷人員、業務人員、技術人員與醫生廣泛磋商，但他從未花時間接觸需要接受這種檢驗的小病人與他們的家人。

回到公司以後，道格開始和醫院的兒童醫學專家、兒童心理學者、教師、父母與兒童展開磋商。他從一家兒童博物館聘請工作人員，要他們與孩子及父母共處；他組織了一個顧問團隊，由曾經接受過許多治療的兒童來擔任顧問。在和這家兒童博物館與那些孩童的合作下，他設計出一系列他稱爲「探險系列」（Adventure Series）的磁振造影檢查體驗。

「探險系列」將磁振造影檢查體驗進行重組，變成一種探險過程，而不是一種醫療過程。爲了達到這個效果，道格將掃描室、診間地板與核磁共振機重新裝飾，還推出解釋這項過程的彩色圖畫書，讓孩子們在接受檢查的前一晚在家裡閱讀。系列中有一個探險單元，故事內容講述離家在帳篷中野營，如果你一動也不動地躺在「睡袋」（掃描台）中，就能看見滿天星斗。另外，有一個單元的內容是，請安靜地躺在「船」上，以免被海盜們發現。

這項重組檢查體驗、將醫療程序轉換成冒險的做法，推出之後非常成功。孩童必須使用鎮靜劑的比率降到幾近於零，除了節省時間與成本以外，孩子與父母、家人的體驗也大大改善。道格在報告中指出，在做完核磁造影檢查以後，有些孩子還會問媽媽，什麼時候才能再回來探險一次！值得注意的一點是，檢驗裝置完全一樣，只有使用者經驗重組了。

前述三項發人深省的成果，說明了一個重要的基本原則：在考慮如何達到你的夢想時，不要只是悶著頭往前衝，要停下腳步想一想，眞正的問題究竟在哪裡？走上一個較高的層次，考慮問題核心是否還有什麼其他東西，然後加以重組，改變你的「觀點」。之後，再將它改變一次，檢視你的位置，眞正的問題會在你面前自我顯現。

大聲說出原因，或許你就會豁然開朗

當你碰上難題、百思不得其解時，還有一個方法能夠幫你脫困，這是我在寫博士論文時無意間發現的法子。當時，我已經完成大部分的研究工作，並且應邀在耶魯大學就這項研究成果發表一篇學術演說。我爲這篇演說訂了一個多少有點誇張的題目，在演說的前一天晚上，我想到這場演說，心裡頭有點緊張。我覺得，我應該在演說一開始，就對題目做個澄清。我假想自己站在台上說：「雖然我的題目似乎表示我能夠解決通案，事實是，我只能夠用它來處理特案。我無法解決……，原因是……。」

在我這麼說的時候，奇蹟出現了。當我面對自己假想的觀衆，準備解釋爲什麼我不能解決通案時，我突然靈光乍現，發現其實我也能夠解決通案。我當然很高興！第二天，我在耶魯發表了那篇演說，而且做得很好。我很滿意那次的表現，更讓我開心的是，我不必藏身在一個誇大的講題之後。直到今天，我仍然認爲那是我一生最了不起的一次頓悟體驗。

那次事件讓我學到了兩個教訓。第一個教訓或許你也曾聽人說過：如果你在解決問題時陷入膠著，不妨將問題先擱在一邊，過一陣子再說。這種心理上的行動準備過程，能讓你的下意識爲你解決問題，結果經常能找出更好的新解決辦法。

第二個教訓是，花一點時間（大聲地向你自己，或是向一位朋友、家人）解釋，你究竟爲什麼不能解決這個問題。以我的例子來說，當我向假想的觀衆解釋我爲什麼不能解決通案時，我發現自己舉的那些理由事實上並不構成理由，其實我可以用自己熟知的辦法輕鬆解決問題。

第一張鈔票出現了，但這還不夠

在尋求問題的解決之道時，我們經常喜歡選用我們找到的第一個看起來還不錯的辦法。一旦我們覺得已經找到辦法、有恃無恐以後，往往就會鬆懈下來，敷衍故事般再假意尋找一番，或是乾脆就停下來、不找了。這也是陷入膠著的一種形式，因爲我們原本可能找到更實際、更優雅或成本更低的解決辦法，但現在這個機會流失了。

這種提早結案的現象，可能在設計與解決問題過程的任一階段現身。當它出現在問題組成或觀點發想的階段時，我們會變得只注意到問題陳述的原始概念，這樣將使得重組受到嚴重限制，而重組往往是引導出更有效、更美妙解決辦法的關鍵。

提早結案如果出現在發想的階段，可能致使專案注定只能找到平淡無奇、全無巧思的解決辦法。想取得更好的成果，我們必須發掘更多構想，用它們來提升或取代原始概念。

舉例來說，我要怎麼增加我的購買力？如果我伸手入口袋，找到一美元紙鈔，我有了一個解決辦法。如果我再四處看了看，又找到一張五美元的紙鈔，我的情況就改善了一點。如果我再繼續找，說不定還能找到一張二十美元的紙鈔。要是我運氣好，打開錢包的另一個隔層，或許我會找到一張空白支票，還有好幾張不同的信用卡。現在，我有了一大堆的選項，可以任選其一，或是結合其中幾種，隨我高興、視環境需要使用。無論最後我採用什麼辦法，都比我找到的第一個解決辦法——一張一美元紙鈔——要強多了。

正確的心態應該是：要像對待第一個解決辦法一樣，欣喜地面對每一個相繼出現的解決辦法，逐一將它們擺在一邊，繼續尋找新的辦法。最後，你會迫於限制，爲這項尋找解方的過程畫上句點，到了那時，你的時間用完了、你的資源用完了，或者你確定自己已經找到眞正想要的，再找下去也是白費功夫。

不過，別漫無止境追求所謂你沒有的東西

記得那是一個春天，我在加州東南部的荒漠死谷（Death Valley）騎自行車時，遇上了一個奇景。有一段路面覆滿了成千上萬的毛蟲屍體，牠們都是在穿越路面時遭過往車輛壓死的。我仔細看了看，看到道路兩旁仍擠滿了數不清的毛蟲，緩慢地朝馬路上移動。從道路左邊往右移動的毛蟲，和從道路右邊往左移動的毛蟲一樣多。

這是一處雜草不生的荒漠，窮我目所能及，道路左右兩邊的景色一樣光禿，並無不同。既然如此，這些毛蟲爲什麼要冒死穿越這處路面？我完全不解！或許，昆蟲學家能有什麼很好的理由吧。不過，每每憶及這段回憶，我就想到自己過去也有許多沒有意義、官能失調的行爲。當一動不如一靜時，我有多少次選擇盲目穿越？

就像那些毛蟲一樣，我們往往更注意我們所沒有的，卻對自己已經擁有的不屑一顧。我們會爲了一個目標奮鬥，把自己搞得筋疲力盡。一旦達成目標之後，它對我們的吸引力也逐漸消失，於是我們又展開下一場追逐。目前在美國，約五十%的婚姻以離婚收場，許多離了婚的人會再次結婚，我們永遠都在尋找不一樣的東西、更好的東西。

很多人因爲厭倦原有的工作而換工作；他們外出旅行，爲的不是旅遊之樂，純粹

只是因爲想要換個新環境。很多人放著本國、本地的博物館不去，卻不辭千里，跋山涉水前往其他城市、其他國家去參觀博物館，這種事情一點也不希罕。有些人一輩子爲了改變而改變，就像那些穿越道路、到死谷另一處景觀完全無異的毛蟲一樣。從一處到另一處或許無傷，但也或許會讓你像毛蟲一樣，在穿越時慘遭壓扁。

有些職業，本質上鼓勵這種穿越馬路的行爲。比方說，在運動界，選手們永遠要爲下一場比賽、下一個球季奔波勞碌、不停訓練。在研究界，學者們也總有下一項專案、下一篇報告要做，以及追求不完的浩瀚知識。在學校，學生們也總要面對下一次考試、下一堂課、下一個學期，還得從小學、國中、高中、大學、研究所，一關一關畢業。我們在職場上力爭上游，永遠盯著前方。在這些例子中，路的另一頭至少看起來還有更大、更好的東西。

然而，你也會發現，在這所有的例子當中，你拋在腦後的都是自己一度最想要的東西，但它們現在對你已經無關緊要。如果能夠改善處境，在人生旅途中追求變化、不斷往前邁進並沒有錯；不幸的是，在太多情況下，我們只知道追求下一個大突破，卻不知道放慢腳步，品嚐達標的滿足感，或是追求目標本身的樂趣。我們整天爲了追求下一件事物奔忙，卻忘了珍惜我們已經擁有的，那些可能對我們具有深意的事物。常言道：「愈是多變，愈有不變」，記住這句話，對你有好處。

我有一位同事，因爲完成一些重要的發現而成爲應用數學領域非常顯要的人物，他的經歷就是一個很好的例子。每隔一段時間，他就會贏得一個獎項或是什麼榮譽學位，他總會對我說，他要的下一個獎項是什麼。在果然如願以後，他會告訴我他很開心，因爲拿到這個獎之後，明年又可以加薪了！事實上，我這位同事沒有結婚，原本的待遇已經非常好，並不需要額外的收入。儘管他獲得這許多的勝利，也爭取到這麼多次加薪，基本上他不是眞的快樂。悲哀的是，他讓我想起那些毛蟲，總是想要爬到路的另一頭去尋找什麼，卻不知道自己要找的其實一直就在身旁，就在路的這邊。

我們極力追求的東西，往往都是我們已經擁有、但還嫌不夠多的東西，例如金錢、名聲、好評、愛情等。那是一種無止境的追求，就像人們說的：「就算再多永遠也不夠」，你永遠也無法滿足。對某些人來說，眞正讓他們享受的，是那種追逐的快感。也因此，一旦追逐的目標到手後，對他們的吸引力也煙消雲散。只要你在追求目標這件事上對自己誠實，這種做法就本質而言並沒有錯。但如果你不能誠實面對自己，你終究會像我那位同事一樣，沮喪、不快樂一輩子。

矽谷的公司對改變有一種特殊意識，許多矽谷公司的內部永遠有一種激烈掙扎，想要研發新東西以搶先競爭對手。矽谷人相信，若不能不斷創新，公司就會停滯、滅亡，於是「你最近有什麼新發現？」的文化在這裡發展到了極致。想在這種文化中保有地位，就得永遠訴說新而不斷變化的故事。矽谷人認爲，說不出這樣的故事就會丟面子。就這樣，必須在龐大壓力下生活的矽谷人，爲了向朋友訴說新的故事，有時在氣極敗壞之餘，難免會像那些毛蟲一樣，帶領著組織沒有意義地穿越馬路。

重點是，爲了改變而改變未必是好事。有時只要追求的是有意義的目標，即使失敗了也無傷；但如果只是爲了在朋友面前爭個面子，或是爲了讓你的新歡動心而帶著組織自殺，這卻萬萬不可。

二十二個脫困之道

一旦你有了問題陳述，就可以運用許多正式手段來尋找解決辦法。[2]在解決問題的過程中，別忘了你應該將一切陳述、包括你的「觀點」視爲暫時性的，這點非常重要，因爲你後續可能得將問題陳述一改再改。

如果你一開始就提出很好的問題陳述，往往能帶你朝正確的方向找到答案。不過，有時即便有很好的問題陳述，你仍然可能會茫無頭緒，開始感覺到氣餒。我的好友羅夫．費斯德（Rolf Faste）爲我們的創意研討會畫了一張講義，列舉了二十二種方法，如果你發現自己正在衝撞路燈燈桿，可以用這些方法來尋求脫困。羅夫有一種非常了不起的本領，讓我佩服不已，他能用簡單的素描將複雜的構想描繪得活靈活現。

他只用了一大頁的篇幅（參見一一二頁的拉頁），就提綱挈領、美妙地陳述了產品設計文化——設計思考運動的濫觴——的重要工具。

接下來，我要對羅夫素描的每一種方法，做一段簡短的說明。如果你能將其中幾種方法練熟，會很有幫助。

1. 努力工作（hard work）

這是我用過最有效的方法。有時，好點子會靈光乍現，但在大多數的情況下，我必須先努力工作、歷經多次挫折之後，才能有這種靈機一動的際遇。前文提過，成就大小的差別在於意願和注意力，這世上並沒有可取而代之的神奇方法。

2. 自己創造一個支援環境（create a supportive environment）

找時間整理一下你的工作區，把支援用具擺在手邊，讓自己處於一個美好、振奮人心的環境中。史丹佛大學醫學院教授亞伯拉漢．佛吉斯（Abraham Verghese）印了一張海報，說自己正在寫的書贏得諾貝爾獎，還登上《紐約時報》（*The New York Times*）暢銷書排行榜歷時一年有餘。佛吉斯寫的那本書雖然沒有榮獲諾貝爾獎，但確實成爲

《紐約時報》排行榜暢銷書超過一年。

3.放鬆（relax）

想讓你的下意識正常運作，你就必須放鬆。人往往在睡夢中或在做白日夢時，獲得突破之道。這類的故事很多，其中一個很讓我心動的，是愛爾蘭天文學家與數學家哈密頓（W. R. Hamilton）的故事。哈密頓有一天在和妻子一起散步時，腦海中突然出現了一個答案，一個他一直解決不了的問題就這樣解開了！[3]歷史並未說明他的太座當時是否知道陪自己散步的先生正在做著白日夢，這其中細節不便詳述，因爲說出來，我的婚姻可能不保，但我可以保證，這方法確有神效。

4.腦力激盪（brainstorming）

史丹佛有一門產品設計課，教學生如何使用一種簡稱ETC的問題解決流程，我們稱爲「設計流程」。這項流程的第一步是「表達構想」（express）：提出一個試驗性的解決辦法。第二步是「測試」（test）這個構想：看它有哪些地方管用、哪些地方不管用。第三步是「循環反覆」（cycle）：運用你已經知道的東西，提出一個經過修訂或新的構想，也就是提出一個重新表達的構想。你要反覆這項過程，直到得出一個自傲的解方，或是時間耗完爲止。

大體而言，這項流程的「表達構想」階段以發想爲主，在這個階段的你，應該對自己的構想抱持樂觀態度。相形之下，在進入「測試」階段以後，你需要改爲採取批判的態度，竭盡所能找出你的構想有哪裡需要改變的地方。就這樣，你需要從「表達」進入「測試」，又從「測試」進入「表達」，不斷地循環改變你的態度。在這項過程中，有兩個重要而有用的工具：一是腦力激盪，一是實作。

「腦力激盪」或許是表列這所有的方法中，最令人耳熟能詳的 個，有時當我們在描述一個人如何產生構想時，也會使用這個名詞。但在我們這一行，所謂「腦力激盪」指的是一種比較正式的程序，必須有一群人聚在一起，處理一項特定議題。這麼做的目的，是要找出各式各樣的構想——我們把這叫做「流暢」（fluency）與「彈性」（flexibility）。理想上，進行腦力激盪的群體，最好由經驗與知識背景各不相同的成員組成，這樣才能讓成員自然而然、以彼此的構想爲基礎，進一步發揚光大〔即附加式發想（piggybacking）〕，提出嶄新的構想〔即跳蛙式發想（leapfrogging）〕。

腦力激盪會議不是用來評估想法的，它們的目的在於打開各種可能性，所以無論想法聽起來多麼荒誕都沒有關係。因此，腦力激盪會議有一個基本規則：在會議進行期間不作裁判。不過，這個規則聽來多少讓人有點心驚膽戰，因爲它似乎暗指一旦會議結束，法官的錘子就要敲下來了。比較合適的說法應該是，在參加腦力激盪會議時，最好抱持著欣然接受的態度，因爲它鼓勵與會者天馬行空、突發奇想。腦力激盪會議一般設有一名記錄員或負責會議進行的督導，一方面不讓與會者討論會議主題以外的事項，同時也禁止交叉討論——規矩是，一次只能有一個人發言。

團體進行腦力激盪好處多多，它能讓你提出自己的構想，也能讓你運用其他人的構想、更上一層樓。有些人是那種不需要他人的獨行俠，例如我有一位朋友，是個很了不起的設計師，但他很討厭腦力激盪。他告訴我，他最好的構想，都是他一個人在山裡面長途慢跑得到的。很顯然，我們大多數人都能藉由其他人的想法而獲益。背景的多樣化，能爲我們帶來自己怎麼想也未必想得到的解決辦法。

5. 清單（lists）

清單是一種非常簡單而有用的問題解決工具。所謂清單，如同字面意義，就是寫一張單子，列出所有的可能性。這其中的訣竅是，列出的單子要有足夠的包容性，把你推向解決之道。

保羅從大學畢業時，決定用清單爲自己規劃前途。首先，他寫了一張清單，列出他對自己職涯的一切期待，包括「當自己的老闆」、「運用我的工程師訓練」、「做一些

⑫ 異種結合

直接類推
個人類推
壓縮衝突
「安全攻擊」

⑬ 圖解物理程序

活動 vs 時間

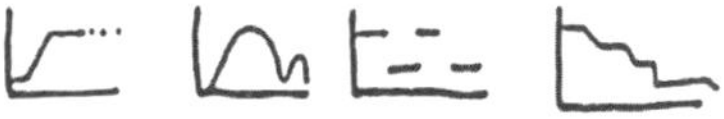

流程圖

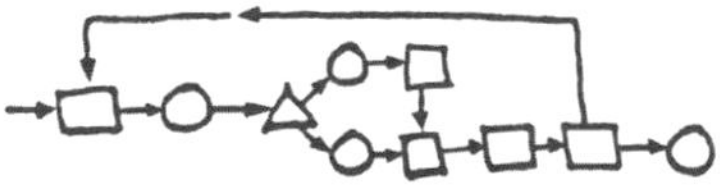

⑭「如果……？」

玩世不恭的創意發想態度：
問題的現有假定

如果：「沒有地心引力」

• 讓房子一飛沖天的油漆
• 會說笑話的垃圾桶

⑮ 決策矩陣

加權因素
優先事項

⑯ 逆向工作：假設你已經完成了．回推各個里程碑

⑰ 故事板

線性順序
安排規劃

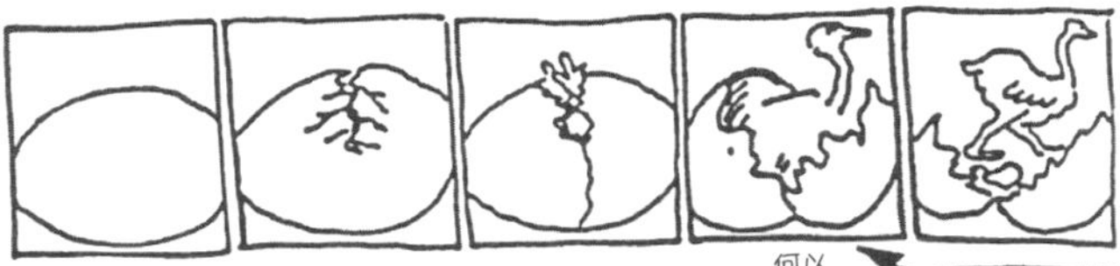

⑱ 抽象階梯
(問題／解方 圖表

重新定義問題
～會不會太狹隘、太特定？

⑲ 用鼻子想～吉姆．亞當斯

注意認知風格
有彈性
打破習慣
嘗試不用特定方式

⑳ 心智圖
圖解構想

整齊的筆記記的資訊一團亂
雜亂的筆記記的資訊很整齊

㉑ 衍生摘要：視覺思考

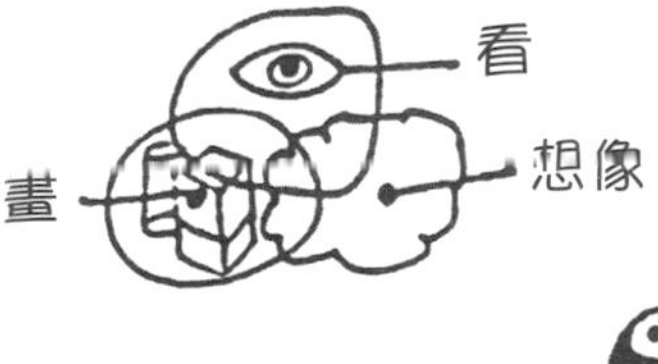

㉒ 自我圖解法

目標：做一個 左右腦並用 的思考者

祝各位好運！

羅夫．費斯德 1989
史丹佛設計學院

把創意整合到機械工程課程中

創意策略的 22 個步驟

① 努力工作 { 這件事通常最重要　這裡列的大多數策略在你遭遇瓶頸時都很有用

② 自己創造一個支援環境

投資你自己

③ 放鬆　就算 做做白日夢 也能觸動你的潛意識

④ 腦力激盪　表達構想　測試　循環反覆

延後評斷

目標　A 流暢：數量　B 彈性：變化

附加式發想

跳蛙式發想

⑤ 清單

⑥ 衍生清單 → 清單上的項目再做成清單！

⑦ 型態分析：列出不同屬性做成變化清單

動力來源　計時機制　顯示方法

⑧ 構想筆記

＋ 畫圖：有形的思考

⑨ 幽默

⑩ 與人交談

⑪ 強迫轉型　清單接龍

擴大　縮小　轉animation 結合

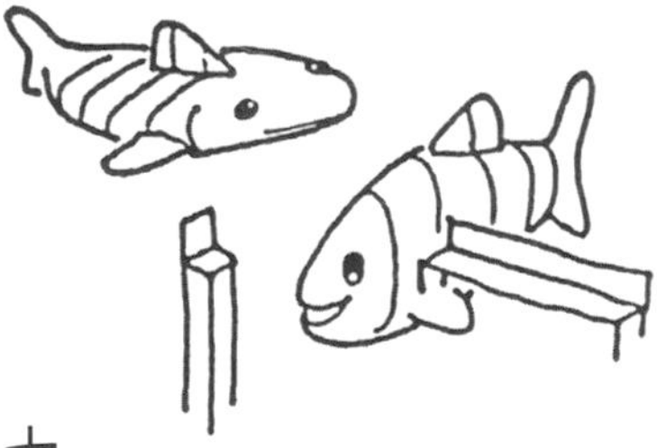

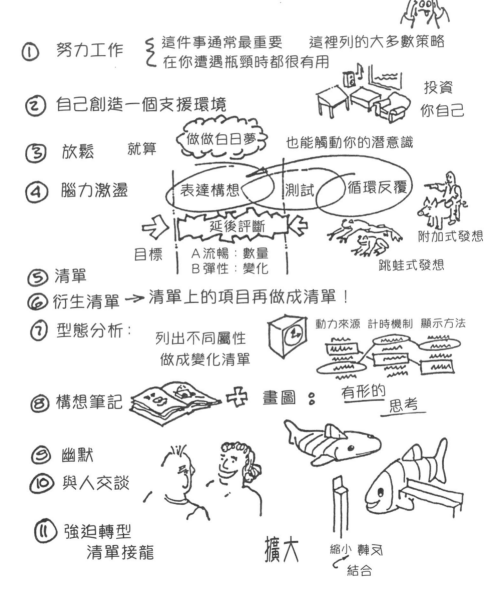

跟公關有關的事」、「運用我的製圖能力」、「旅行」、「有時間陪家人」，以及「工作地點在舊金山灣區」等。

他列的單子比前述這些要長得多，但你可以舉一反三，知道它的大致內容。這張清單幫他找出一部分的解答：他需要一家屬於自己的公司，生產他可以全方面介入的東西，特別是在研發、生產、行銷、廣告與銷售等方面。他的下一步，就是找一項產品來支持這家公司。

於是，保羅再次使用清單，這次他將黃頁簿上每類產品的名稱都複印了下來。他花了很長的時間，逐一思考每一類產品，考慮自己能不能用它來經營公司，同時也要滿足他在第一張職涯期待清單上列出的那些標準。

結果，他運用這項過程，找出一項一般人想不大到的產品：牛肉乾的食譜祕方。事實證明，保羅這項事業做得非常成功，不僅爲他賺了很多錢，也滿足了他在職涯清單上列出的每一項期待。

6. 衍生清單（meta-lists）

你可以用前述清單上列出的項目，進一步製作專注於各項細節的清單。比方說，你寫下一份清單，列出你準備走訪的地點，然後爲清單上每個地點再列一份清單，說明抵達後要做什麼事，後者就是衍生清單。

7.型態分析（morphological analysis）

這是一種將幾個不同屬性欄位所列元件相互搭配的過程。例如，要設計一個鐘，我們可以列出一欄，說明各種動力來源，像是電池、交流電、機械式、太陽能、水動等，然後再列一欄說明計時機制，如齒輪、擺速控制、震速、鐘擺等，還可以再列一欄標示顯示方法，如兩枚指針、三枚指針、ＬＥＤ、數字輪等。將這許多元件搭配組合，我們可以立即得出大量的時鐘設計變化。當屬性清單有許多項目時，用電腦進行分析效果會很好。

8.構想筆記（idea logs）

用畫圖、文字，甚至用網上貼下來的東西，將你的構想記錄在筆記本上，爲自己做一個具體的看法紀錄，這項紀錄就是「構想筆記」。養成做筆記、記錄自己構想的習慣，對我們很有好處。若沒有紀錄，我們的構想往往就此遺忘，一去不再復返。世上有史以來最有名的構想筆記，首推文藝復興時期代表人物李奧納多·達文西（Leonardo da Vinci）的構想筆記。我發現，許多凡夫俗子照樣可以運用這種工具而獲益不淺。只不過，與達文西不一樣的是，很多人在有生之年，已從他們的構想筆記中得到許多東西。

9. 幽默（humor）

這是一種非常好的發想工具。就算處理的是非常嚴肅的問題，開開玩笑、逗逗趣，也能將你帶進一本正經的想法進不去的地方。

10. 與人交談（conversation）

有些人對他們的問題守口如瓶，因此最後往往只能靠自己來解決問題。這種守口如瓶的心態並不健康，而且往往也不具備很高的生產力。輕鬆自在的談話，能夠導致重要的突破。無論是在貝爾實驗室（Bell Labs）那些著名的「點子工廠」（idea factory），在麻省理工學院（ＭＩＴ）的 Building 20，或在矽谷的衆多公司中，這樣的故事數不勝數；與人交談是激發構想的好方法。

11. 強迫轉型（forced transformations）

這是一種將你的構想刻意改變的程序，目的在使傳統轉變爲非傳統。早期著名的創意大師亞歷克斯・奧斯本（Alex Osborn），創造了一張清單，列出可能採行的種種變化，其中包括「擴大」（magnify）與「縮小」（minimize）這類意指變化構想規模的項目。這個方法還可以加以延伸，納入任何類型的轉型。比方說，你可以將「魚」與「塔」這兩個風馬牛不相及的構想結合在一起。如果你爲自己砌一副牌，在每張牌上列一個轉型，你只須遵照每張牌所示行事，就可以獨力產生許多構想。如果你將這副牌的首尾連接排在一起，就有點像是在玩撲克牌接龍一樣。[4]

12. 異種結合（synectics）

這個名詞源自拉丁文的 synectica，意思就是「將不同而且顯然不相干的元件結合在一起」。在設計思考的過程中，它意指運用類推法來求得解決辦法。在使用異種結合法時，你需要想出一些與你正在做的事情類似的情勢或事物，目的是希望透過類推來找出更好的構想。在發想時，不妨想一些與考慮中的情勢直接有關、與解決問題的人有個人關係的情事，這麼做會有幫助。

在異種結合的架構中，還有一個有用的概念，叫做「壓縮衝突」（compressed conflict），就是將兩個狀似矛盾的概念組合在一起。比方說，在疫苗研發的概念中，有一項稱爲「安全攻擊」（safe attack）的重心，它就是這樣的一種組合。我們會用一劑藥性溫和、不會造成危害的藥量，將病菌注入人體，以產生抗體、保護人體。透過這類狀似矛盾的方式來思考問題，能爲我們帶來新視野。

13.圖解物理程序（diagraming physical process）

這是一種將問題過濾、尋求本質的工具。在面對某些類型的問題時，不妨找一項表現變數針對時間或另一項變數相比，或是畫一張代表整個程序的流水圖，這麼做有助於發想。

14.「如果……？」（what if?）

這是在發想過程中提問的好方法，例如：如果這世上沒有地心引力會怎麼樣？如果有一種油漆漆在房子上，就可以讓房子一飛沖天，會怎麼樣？如果有一種會說笑話的垃圾桶，會怎麼樣？諸如這類問題，讓我們跳脫主流的窠臼思考，爲我們帶來一種玩世不恭的態度，使我們質疑問題的現有假定。

15.決策矩陣（decision-making matrix）

這是將不同構想進行比較的好方法，做法是建立一個矩陣，橫排代表不同構想，直欄代表這些構想的屬性。比方說，庫瑪爲了選新娘就做了一個矩陣，每一橫排代表一位新娘候選人，每一直欄標明某種屬性，例如教育程度、外表、財富或家庭等。只須爲每個矩陣元件賦予一個數字，就能將比較量化。將整排所有數字加總在一起，就能夠得出構想的總成績。此外，還可以用加權值來強調某些屬性的優先地位。

16. 逆向工作（working backward）

假想問題已經解決了，然後由後往前、往問題的開端推想。經由這種做法，你可以看清所有的里程碑都像什麼樣子。無論如何，這個方法至少對排程非常有幫助。

17. 故事板（storyboards）

這種編程企劃工具，在電影製片業界應用很廣。無論何時，如果你想以線性方式講一個故事，都可以使用這種工具。事實上，這是一種非常生動的旅程圖（journey map），是一種顯示事件線性順序的圖解。

18. 如何—何以圖（how-why diagram）

這種圖表能用來重新詮釋一個問題，很像我們在前文提到的那套改變問句的方法（參見本章「往更高的層次邁進」段落。）我們可以用「如何—何以圖」來說明一連串的因與果，它可以用來針對一個問題，列出做一件事的方法（如何），並說明爲什麼要這麼做（何以）。使用這個方法可以產生許多構想，它還有許多衍生型圖表，例如「如何—何以—何以圖」（how-why-why-why diagram），或是「何以—何以—何以圖」（why-why-why diagram）等。

這種圖表與「抽象階梯」（abstraction ladder）有點類似。「抽象階梯」以早川著民的四階語言抽象梯爲基礎，[5]最底層由具體東西組成，例如蛙鏡、電話、馬克杯等；第二層是群體具體事物，例如學童、電動工具、汽車、牲畜等；第三層由更廣的群體所組成，例如女人、男人、電影、通訊裝置、飾物等；最高層則是比較抽象的概念，例如共產主義、權力、公平、成功、善與惡等。

用圖表來表現問題/解決的抽象階層，能夠幫你進一步看清自己的工作是否失之狹隘、是否失之特定；如果是，你或許需要重新詮釋問題。

19.用鼻子想（nasal thinking）

這是我的同事吉姆・亞當斯（Jim Adams）爲使用另類認知風格訂定的名詞。這麼做的目的，在於讓你在觀察事物時保持彈性。請試著想像，如果你用鼻子思考，或者如果你不說話，你會做什麼事？使用這個方法以後，你能用不同眼光來看你的問題，從而產生新的解決構想。亞當斯的經典力作《創意人的思考》（*Conceptual Blockbusting*）還談到其他許多工具，能幫你克服障礙，用有創意的法子來解決問題。

20. 心智圖（mind maps）

這種關係圖以一種非線性的方式，說明各項資訊之間的關係；就理論而言，它與人腦儲存資訊的方式應該類同。心智圖能夠非常有效地提供一種廣泛的了解，讓你知道個別部分與整體之間的關係。在電腦使用普及以前，大多數的資訊以線性方式貯存。現在，我們都用電腦以非線性方式來進行網路搜尋。有人說過：「整齊的筆記記的資訊一團亂，雜亂的筆記記的資訊很整齊」，心智圖讓我們體悟到這句話。

在繪製心智圖時，首先在整張圖的中心寫下一個字或一個短句，做爲主題。然後，想想這個主題能夠激發你什麼其他構想（字），再把它寫在距離這項主題不遠的地方，畫一條線把這兩個字詞連在一起。接下來，再回到第一個字，看它還能讓你想到其他什麼字，然後再把你想到的新字詞朝另一個方向寫下來，畫一條線與最初的第一個字相連。

不斷地重複這項過程，直到你再也想不出什麼點子爲止。然後，用第一輪想出的每個字詞爲根，重複整個過程。當然，我這段說明過於線性，心智圖上的字可以不拘先後次序，想到什麼就寫什麼。左頁這張圖是史丹佛大學教授與ＩＤＥＯ創意設計公司共同創辦人大衛・凱利畫的心智圖，他寫的第一個字詞是：the d-School@STANFORD

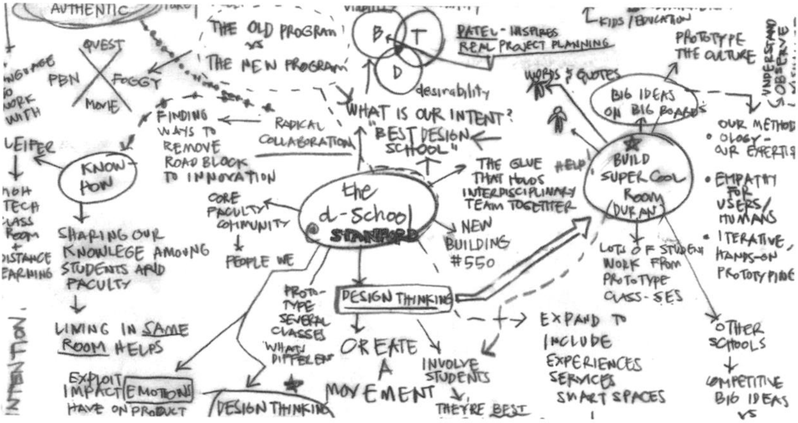

（史丹佛大學設計學院），他畫這張圖的目的，是爲史丹佛設計學院尋找設計構想。

21.衍生摘要（meta summary）

這種工具有時也稱爲「視覺思考」（visual thinking）。在使用這種工具時，我們運用自己的視覺能力來看東西、畫東西、想像。把我們看到的、想像到的東西畫下來，能夠幫助我們產生新的構想。不同的視覺思考層面有不同的結果，將這些結果整合起來，能夠幫助我們找出解決辦法。不同層面相互重疊的部分以「范氏圖」（Venn diagram）來表示，也就是一般常見的集合圖。范氏圖的每個層面用一個圈來表示，我們要注意所有圈都重疊的部分，看這個交集裡面有什麼結果。

22.自我圖解法（diagram yourself）

你可以用這個方法來檢視自己的問題解決流程，並且盡力讓自己做到「左右開弓」（ambidextrous），均衡地使用你的左右腦。

自我圖解法有一種變化做法是這樣的：用紙捲在地上鋪一大張長長的紙，讓一個人躺在紙上，由另一人沿著這個人的身體在紙上畫下人體輪廓。然後，由這幅輪廓線的主人在紙上的每個部位，畫一個漫畫式的氣球，想到什麼就寫下什麼，從而取得「智能／口語」與「情緒／視覺」兩者之間的平衡。用中國文化來說，就是力求陰陽和諧。

最後，我認爲，在各種方法之間跳來跳去沒什麼好處，最好的做法是先掌握幾項解決問題的策略，讓它們成爲一種思考習慣。當你運用的次數愈多，運用起來也就愈能得心應手，幫助你輕鬆脫困、想出更好的解方。

FINDING ASSISTANCE

4 懂得求助，全世界都是你的貴人

如果你總是做你一直在做的事情，得到的也會是你一直獲得的成果。

——安東尼・羅賓斯（Anthony Robbins），激勵大師、暢銷作家

談到「達成人生目標」這件事，能夠全憑一己之力達成人生目標的人少之又少，你往往需要朋友相助一臂之力。有句話說：「你知道什麼並不重要，重要的是你認識誰」，我同意這句話，但我認爲它說得有點過於現實，這樣說會比較好：如果我們能夠彼此協助，互相幫忙解決問題，我們都能夠活得更好。

每個人身上都有値得學習的地方

我有許多智慧過人的同事。同事湯姆曾經對我、也對他的學生說，我們沒有足夠的時間匆忙。這句話的意思是，如果你匆匆忙忙做一件事，難免會把事情搞砸。結果是，你花在爲事情善後的時間，比你不慌不忙、做好它的時間還要多。每當我爲了趕赴約會，急著用鑰匙在自行車鎖眼上亂戳亂撞，卻怎麼也打不開鎖的時候，我總會想

到他這番忠告。

一天下午，同事亨利在與我一起騎自行車回家的路上，爲我留下了一個難忘的印象。當時，我興高采烈地對他說，我剛發現了一個了不起的研究成果。他問我：「我在下一個轉角就要與你分道了，你的發現能好到在我們分道以前說得清楚嗎？」不幸的是，我的發現沒那麼好。

亨利還曾告訴我，英國某位國王有一天告誡兒子：「無論什麼時候，你若是有機會坐下來或是上廁所，先把握機會再說，因爲你不知道下次什麼時候才有這種機會。」某次我與一千人尷尬地坐在大禮堂，等待一位著名作家重返講台，我想到這句話，覺得它眞有道理！那位作家很快就極難爲情地回到講台上，他因爲內急不得已講到一半就離席逕奔後台了。我發現，尤其是當教師的人應當特別記取這個皇家教訓。

我從同事那裡學到最重要的事，就是不要做什麼樣的人。我有一位同事，基本上是個好人，與他相處也總讓我感受到他的一團和氣；但可悲的是，他以卑劣手段對待一名直接部屬，迫使這人轉到其他學校。見到這件事以後，我下定決心在對待較年輕的同事時，要特別注意公平。一位校方主管曾對我說，我是「馬屁反著拍」，意思是說我對部屬比對上司更尊重。能得到這句評語，讓我很開心。

事實是，我們可以從他人那裡學到許多東西；我們可以效法他們的優點，可以以他們的缺失爲誡。我們可以從一個孩子、也可以從一位社會名流身上學得教訓。重要的是，一旦發現自己崇拜的偶像竟然有那些缺陷時，不要因此氣餒，他們仍然可以是你的明師。比起那些仍在佯裝十全十美的人，顯然有瑕疵的人或許更能讓你學到東西。

對他的子女而言，印度聖雄甘地（Mahatma Gandhi）並非一個好父親，但他爲世人帶來的信息與榜樣，會因爲這個事實黯然失色嗎？我們會因爲一位政治人物做了一件不容於社會的醜事，而將他的好政績一筆抹殺嗎？你可以選定一項標準，將某些影響力從你的人生去除，也可以採取較包容的態度，從每件事中記取相關教訓。我認爲後者的辦法，能夠帶來更豐富的人生經驗。

貶低他人無法抬高自己

史丹佛大學設計學院開了一個爲期一週、我們稱爲「夏日學院」（Summer College）的密集研討會。這個研討會以一個由十人組成的教育團隊爲首，我也是這十人團隊的一員。團隊成員隨時總有五人在場，其他五人則視需要參與。出席這個研討會的人，都是來自史丹佛大學各系所的博士班與碩士班學生。對所有參與這個研討會的人來說，這都是一次美好的經驗，學生們也總是給予極高的評價。許多學生都說，這一週是他們大學生涯中最美好的經驗。

學生總是讚不絕口地說，他們從沒見過這麼融洽的教授團隊。無論什麼時候，我們十個人隨時總有五人陪在學生身邊，而且我們這些教授彼此之間顯然也處得很好。對許多學生來說，與他們寫論文期間身邊那個充滿背後中傷、優越感作祟的學術世界相比，夏日學院爲他們帶來的是如沐春風的全新感受。

在許多學生生活的世界中，有很多人以爲唯有貶低同儕才能夠彰顯自我。不過，如果你惡言中傷同儕，事實上你只會貶低自己，而不是彰顯自己。比方說，如果我告訴你，跟我在一起工作的那些人有多好多好，你一定會認爲，物以類聚，我一定也相當不錯。另一方面，如果我告訴你我的同事如何如何差，你憑聯想也一定認爲我好不到哪裡去。不幸的是，這種官能失調的態度，並不是大學校園特有的產物，而是許多家庭與大多數組織的常態。

如果你每次上髮廊理髮，設計師總是在你耳邊嘮叨個不停，說附近幾家同業根本就不會理髮，把客人的頭髮剪得亂七八糟，而且收費也太高了等等，試問你有什麼感覺？遲早你會感覺奇怪，爲什麼這位設計師這麼愛說同業的壞話？顯然，她怕自己在同業競爭下失利，而你自然也會想到，她這麼擔心或許也並不無道理。

你想成功，就算你志在求職或志在晉升，必須超越競爭對手才能如願以償，但這也不表示你必須敗壞他人。讚美你的對手，至少還能展現你的格調。你要努力的應該是提升自己，關注自己的長處與能力，不要擔心競爭對手有何圖謀。

尋找導師，反饋意見愈多愈好，但要懂得篩選

許多人對正式門生師承的做法吹捧不已，但我不覺得它那麼有用，我屬意的是迷你型的門生師承制。舉例來說，在寫這本書的時候，我向所有出過書的朋友求援請教，就這樣我有了龐大的顧問群，而且每一位顧問都能將不同的經驗與省思與我共享。

如果你能抱持著投桃報李的開放胸懷，向友人求助時就不必羞於啓齒。當你邁步走向新目標時，絕對無法知道自己會學到什麼，或是誰會幫助你。人的反應經常讓你始料未及，有時你認定慷慨的人，會因爲怕你與他競爭而吝於給你忠告，而你認爲絕不會幫你的人反倒挺身而出、幫了你大忙。

向人求助並不丟臉。找找看，你周遭有哪些人做到你想做的事，找他們交談，問他們是怎麼做到的，並且問他們如果可以再做一遍，他們的做法會有什麼不同？盡量從愈多人身上取得反饋意見，當然你無須照單全收，甚至不需要採納其中大部分的建議。要記住，這有點像是在淘寶，當你得到的建議愈多，就愈需要篩選，才能從中取

得寶石。

好的藝術家抄襲；偉大的藝術家偷竊

蘋果公司的創辦人史蒂夫．賈伯斯（Steve Jobs）常說，他很相信畢卡索（Pablo Picasso）說過的一句話：「好的藝術家抄襲；偉大的藝術家偷竊。」畢卡索是否曾經說過這句話已無法考證，但無論如何，很多人還是認爲這句話是他說的。諾貝爾文學獎得主艾略特（T. S. Eliot）在一九二〇年寫道：「不成熟的詩人會模仿；成熟的詩人會偷抄；糟糕的詩人把拿來的東西搞得面目全非；好的詩人把它變得更好，或至少把它變成不一樣的東西。」

事實的眞相是，太陽底下幾乎找不到新鮮事。誠如我的同事萊利．雷佛（Larry Leifer）所說：「所有的設計都是再設計。」你想得到的每一件事，至少有一部分都已經有人想過，不去理會在你之前想過它的人的智慧，自然是很愚蠢的一件事——看到好的資訊卻不加以運用，這不是愚蠢是什麼？沒有人能夠完全獨力生存，你之所以知道怎麼說話、怎麼讀書、怎麼算加法等，都是因爲你拿了別人的構想來應用在自己的需求。社會之所以能夠進步，靠的就是引用他人的構想。

所以，不必對「偷主意」這件事太在意，但你當然不可以把別人的東西拿來冠上自己的名字，也不可以不加改變或不加入自己的看法，就原封不動、抄襲別人的東西。要知道，以別人的構想爲基礎、發揚光大並沒有錯，而且不要過度緊握自己的東西、不肯放手。

如果有些研究人員能夠不爲角逐諾貝爾獎而將研究成果保密，會有更多人命可能獲救，這話雖然說來令人痛心，但說得一點不假。有些人極力將自己的資料與構想保密，直到多年後他們發表作品爲止。如果大家能夠更互助合作，對社會公益的加分效果會大得多。

竭盡一己之力，與他人合作吧。

結交眞朋友

讀過商管書或上過商學院課程的人，一定都知道人脈的力量。他們會教你在社交午餐會上發名片、在重大活動中露面、學會自我推銷等，但那一切都非常虛假、做作，而且一般都能讓人一眼看穿。

我對你的眞心忠告是，不要刻意搞什麼人脈。如果你心裡想的，是結交你認爲比你有辦法的人，以便日後向他們求助，那麼你的交友別有用心，建立的並不是眞正的關係。這世上有專門經營網路的專家，他們無論推什麼幾乎都無往不利；儘管如此，每在夜深就寢時，我仍然慶幸我是我，不是他們。

我聽過一些警世故事，告誡人不可逾越與人熟識之利——永遠不要謊稱你跟某人的關係有多好。投機的人會說：「喬・史密斯（Joe Smith）建議我聯絡你。」但事實上史密斯從未說過這句話，一旦這話傳回他的耳裡，你猜他會有什麼反應？別以為你只是借用他人的名義，沒什麼大不了的。甚至，你認為這個人是你的朋友、應該沒關係，也不可以這麼做。在使用他人名義之前，要先徵得他人的許可，否則事情可能會出現反效果。

人生不是利用他人、踩在他人身上往上爬。對人要真誠，建立與他人的友誼。有太多人不敢讓個人生活與職涯生活混雜在一起，我認為這很可悲。寫到這裡，我就想到珍與喬吉斯。有一次，我在與他倆交談時，發現兩人雖然共事多年，對彼此卻幾乎一無所知。這兩人從未互相串過門子，完全不認識對方的配偶或子女，這真是太可惜了。不要害怕坦誠的人際關係，因爲這種關係很重要。

然而，也有人與朋友共事的經驗糟糕透頂。不過，一輩子既是至交好友，又是工作夥伴的例子也不在少。我的同事大衛・凱利早在還在史丹佛大學念碩士的時候就發現，與朋友一起工作很有趣。當時，他與班上幾個同學合組了一家公司，名爲「銀河際設計」（Intergalactic Design）。事隔四十幾年後的今天，他已經又創辦過三家公司，而當年合組公司的友人，至今仍有幾位和他一起共事。

世俗智慧會告訴你，如果你把錢借給朋友，不但錢會要不回來，連友誼也沒了。但依我來看，會發生這種情況，只因你交友不慎。我一直覺得，能爲朋友做的案子提供一點資金，或是協助朋友因應一時之需是人生一樂，而且我也從未因此損失過金錢或友誼。

當你構建這類眞實的人際關係時，所謂「建立人脈」這幾個字，根本不會出現在你的腦海裡。機會到來時，你們自然會想到彼此。你要求他們幫助，他們應聲而至，這是因爲他們是朋友，而朋友本應如此，不是因爲你曾對他們假笑，曾在午餐會中和他們用力握過一次手。

讓大家眼中的你，是個有血有肉的人。要眞誠，問問自己，你希望按門鈴、出現在自家門口的是什麼人？是朋友，還是挨家挨戶推銷東西的人？

只要情況許可，交友時要保持主動。你可以邀請友人外出用餐，或是把友人邀到家裡。聽到友人的家人生病要關心，第二天也要記得問候。

你可以這麼做

你有沒有一些不甚熟悉的同事？你可以花一點時間去認識他們。偶爾與他們一起共進午餐，或是喝杯咖啡，和他們閒話家常（不談公事，不說辦公室的閒言閒語）。試著了解他們的人生，如果他們有意，不妨和他們談談你的人生。

歸根究柢，如果你想讓別人幫你，就應該向他人開口，畢竟不是每個人都對你的需求瞭若指掌。另外，當個誠懇、實在的人，不要不懂裝懂。如果你眞的有需求，請向他人尋求專業意見，大多數的人會欣然相助。當他人向你伸出援手時，要尊重他人的時間寶貴，不要每天登門求助，也不要指望別人會答覆你一百個問題，要懂得感恩。

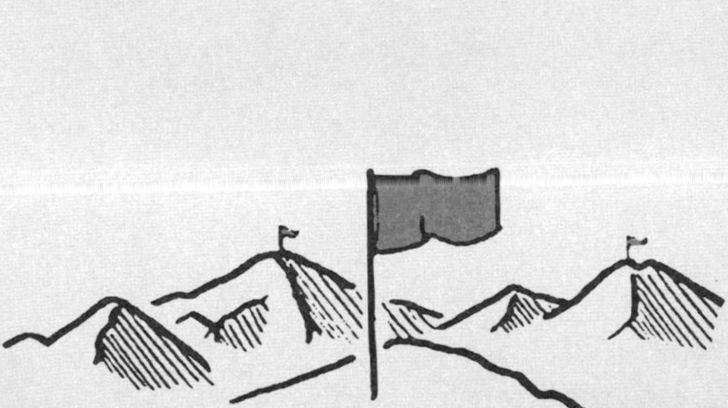

DOING

IS

everything

5 動手做，就算失敗也是一個禮物

有些事我們必須學會才能做，我們用做的方式來學這些事。

——亞里斯多德（Aristotle），古希臘哲學家

我們每做成一項重大改變，都是因爲開關打開了。有人在爲體重掙扎了一輩子之後，終於決定健身。有人在低聲下氣、爲一個惡老闆工作多年之後，終於忍無可忍、辭職走人。有人在經過晝夜煎熬之後，終於硬起頭皮、邀約暗戀已久的對象出來喝咖啡。事情有了變化，使人決定從「不行動」轉爲「行動」。

你可以獨坐暗室，等著天光照進，也可以起身、走到房間另一頭，自己打開電燈開關。

「試」與「做」，這是兩件完全不同的事

如前文所述，嘗試做一件事與實際去做兩者之間大不相同，它們是兩種完全不同的行動，一旦將兩者混爲一談，困難就產生了。

如果你「試」著做一件事，這件事可能成眞，也可能不成眞。如果它不成眞，你可能改採另一種策略進行嘗試，而它同樣也可能不成眞。雖然這種情況可以無止境地繼續下去，但通常情況是你時來運轉、一不小心做出結果，或者你懶得再試，也或者其他事情發生，讓你放棄嘗試。顯然，用這種方式過日子，很難有多少成果。

但如果你「做」一件事，無論你碰壁多少次，無論原始策略讓你有多洩氣，因爲你志在必得，於是運用決心、集中全力實現你的意願。「做」，需要意願與注意力。

還記得我在前言中提過的那個課堂小示範嗎？在那個小示範中，我先要一個學生試著從我手中取走一件東西，之後又要他動手，把東西從我手中取走？當學生在「試」的時候，我們兩人往往不免一陣拉拉扯扯，這項經驗對學生、對我而言都很好玩、有趣。「試」往往有趣而且不難，但想要達到目標，你還是得「做」。

時間是一九七四年，我與友人哈洛在俄羅斯茶室（Russian Tea Room）用午餐。俄羅斯茶室位於紐約卡內基音樂廳（Carnegie Hall）附近，是一家時髦的餐廳，裡面的侍者都穿著俄羅斯哥薩克軍（Cossack）制服。哈洛是個蘇聯迷，對這種制服嚮往不已，他的一再讚美讓我不禁想到，如果能弄來一套這樣的制服送給哈洛，不亦美乎！突然間，我下定決心要做到這件事。我不知道怎麼做，但無論如何，我要送他一套這樣的制服當作禮物。

哈洛的一毛不拔是出了名的，我利用他這一點告訴他，如果他肯去停車場取車，這餐飯錢就由我來買單。哈洛剛一離開，我立刻打量餐廳裡每一位侍者，選了一位看起來最有生意頭腦的侍者。我把他召到桌邊，告訴他這頓午餐讓我們吃得多麼開心，還將哈洛對哥薩克軍服的崇拜轉述了一遍。我對他說，如果他能為我弄來一套這樣的制服，我會讓他值回票價。

他問：「有多值回票價？」

我掏出錢包，打開裝紙鈔的夾層說：「你來決定吧！」他取出一張十美元鈔票，價值約等於今天的五十美元，一言不發走開了。沒隔多久，我已經站在路邊等哈洛的車，手裡抱著一個報紙包裹，裡面有一整套的制服，還有一雙軍靴。

哈洛於二〇一一年去世，我每每在進行「試」與「做」的課堂小示範時，仍然常常想到他。我想到許多年前那下定決心、靈機一動的勝利喜悅。每當我憶起自己給他那套制服時，哈洛的狂喜驚呼，仍讓我心頭一片溫暖。

還有一次，我在南韓首都首爾主持一個專業人士的研討會。有一位年輕的女士自告奮勇，上台和我做這個「試」與「做」的小示範。當我要她從我手中取走我握著的一個東西時，她一把扯下我的眼鏡，還揚言說如果我不把手中的東西交給她，她就要砸了我的眼鏡。我乖乖交出手中的東西，毫髮無損地取回我的眼鏡。雖然她這麼做或許有點嚇人，但確實很有創意。

這個事件也帶來一個倫理與道德的問題。舉一個極端的例子：如果我必須把你殺了，才能捨「試」而「做」，在正常環境下，我會改變主意，決定不做也罷。這個小示範的用意在於說明「試」與「做」的差異，與倫理與道德問題無涉，如果你因此要逾越任何規範，做不做得由你自己決定。如果「做」會讓你侵害他人，或許你應該改變意願，將「做」改成「不做」。

我不知道那位女士會不會眞的打破我的眼鏡，但根據她之前的行爲來判斷，我覺得她很有可能說到做到。如果她眞的砸了我的眼鏡，我會買一幅新的；無論怎麼說，她憑藉強大的意願取得那個東西，而且依我之見，她也沒有逾越任何重要的倫理或道德規範。

不久前，我的一次家庭經驗，美妙地說明了「試」與「做」之間的差異。那天，我帶著太太露絲在舊金山用晚餐。晚餐過後，在開車經過我們時常光顧的電影院時，我發現電影院正要放映一部我很感興趣的片子，影院前還擠了一堆人。於是，我要露絲先下車排隊買票，我去停車。她對這部片子雖然興趣缺缺，卻還是同意下車買票。

十分鐘後，我停好車回到電影院前，卻發現露絲沒有站在等候入場的人群中。她告訴我，她排了隊想買票，但票都賣完了。但因爲我非常想看，所以就採取行動，前往售票窗口，問售票人員有沒有人退票。售票人員同意記下我的名字，我也同意守候在一旁。之後，我問那些排隊等著進場的人，有沒有人有多餘的票。不久後，有個人拿了一張票到售票窗口要求退票，還有一個排隊等候進場的人接到朋友不能前來的電話。就這樣，突然間，我們買到票了！

這個事件說明了幾項基本要點。露絲並不是眞的想看這部電影，所以當他們告訴她票已經賣完以後，她有了一個不看的好理由。至於我，則是下定決心非看不可，所以票已經賣完的事實，不過是一根我必須繞過的路燈燈柱而已，我知道這「票已售完」的理由不過是句屁話。要點是：如果你不是眞心想做一件事，想要找到這件事何以做不到的好理由並不難；但如果你眞心想要做一件事，這些理由都阻止不了你。

事實上，以這次事件爲例，我們當時如果「試」而不「做」還好得多，因爲那部電影與現場秀簡直爛透了！美夢一旦成眞，往往令人大失所望，這話誠然不假。

我們也可以將「試」與「做」的概念應用在人的本身、而不是行動上，你可以將自己視爲「嘗試者」與「實踐者」。除非你是極端A型性格的人，若能將這兩者都納入你的自我形象、視需要擇一運用，你的人生會更加美好。不過，也許話應該要這麼說：如果你屬於極端A型性格，尤其應該同時將這兩者納入，而且要多試一點、少做一點，這樣或許能讓你延年益壽。

自我肯定：改變的工具？

麥斯威爾．瑪爾茲（Maxwell Maltz）是一位整型外科醫生，他發現自己的病人經常對手術結果感到不滿，即使就技術而言，手術做得很成功也不例外。他認爲，之所以造成這種現象，有很大一部分原因是病患的自我形象不健康。於是，瑪爾茲研發了一系列他認爲可以改善病患自我形象的方法，以解決這個問題。

其中一個方法是，讓病人訂定一連串的目標，然後藉由心理視覺化技術的輔助，想像自己達成這些目標。瑪爾茲這套方法，除了仰仗自我肯定與心理視覺化的力量以外，還依靠心靈與肉體之間的連繫。他於一九六〇年將這套構想發表在《心理控制術》（*PsychoCybernetics*）這本書，這是一本說理直截了當的自助書，後來賣了三千多萬本。以自我肯定爲工具來改變自我形象的方法，之後成爲大量書刊的立論基礎，一個大型產業也因此應運而生。

所謂的「自我肯定」（affirmation）是一種精心製作、經常自我重複的聲明，你也可以將它寫下來。使用這項工具的人認爲，有了肯定工具的支援，正面心態幾乎可以讓你無往不利。他們相信，要使肯定有效，使用的聲明必須是現在式，內容必須正面、切身而特定。你可以選擇自己想要改變或加強的一件事，每天花點時間對自己說，這件事情已經成眞。比方說，如果你想用自我肯定來改善自我形象，你可以反覆地告訴自己：「在跟女兒互動的時候，我是一位慈父。」

正面心態對人生當然是一大助益。自我肯定這項工具對某些人來說很有效，但並非對每個人都有效。像我就覺得，要說服自己相信這一套東西很難，因爲它讓我想到電影《白雪公主與七個小矮人》（*Snow White and the Seven Dwarfs*）的故事情節。故事中，那位邪惡的皇后，每天對著魔鏡問道：「誰是世界上最美麗的人？」儘管她每天得到的都是自己想要的答案，但她似乎總是不信，因爲她如果相信，就不需要每天對著鏡子重複檢查答案。

依我看，自我肯定熱潮的問題就在於，正面肯定往往給人一種似乎不眞實的印象，負面的自我形象反而容易讓人深信不疑。裝了半杯水的杯子，在某些人眼中是半滿，在某些人眼中卻是半空，這就是一個經典的例子。對許多人來說，半空似乎比較眞實，半滿似乎比較虛假。或許，這個杯子既是半空、也是半滿的，要怎麼看得由我們自己決定。重點是，要取得足夠的外在驗證來證實杯子半滿的版本，讓我們相信自己的自我形象眞的出現轉變，這樣就不必反覆回到腦海裡的那面魔鏡前，檢查自己是誰、像什麼樣子。

想要做到這一點，有一個方法，就是用一種稍微迂迴的方式來使用自我肯定。不要直接針對想達成的目標來採取行動，我們可以用自我肯定來修正一項行爲，讓改善後的行爲間接促成原先的這個直接目標。舉例來說，研究人員找來一群對自己的學業成績自視不高的學生，但沒有要求他們改變他們對自我形象的思考，只是要他們寫下一張清單，列出他們認爲對教育與職涯準備有正面意義的特質。後來，這些學生的學業成績，比同儕團體的其他學生優秀得多。

學者專家經常奉勸家長與教師，不要肯定孩子的成就，要肯定他們付出的「努力」。因爲肯定孩子的目的是加強孩子們的良好特質——努力，懂得努力以後才能逆境求存，才能超越短暫的失敗。人生難免遭逢敗績與失望，唯有有毅力的人，才能夠克服逆境。若只是一味強調成就，培養不出這樣的毅力。

把握現在，做就對了！

當我開始在學校教授這本書的一些基本概念時，我已經很清楚，我要學生選做一件與他們人生有關的案子。此外，我在矽谷也見過許多替惠普（Hewlett-Packard）這類大公司工作、夢想自行創業的工程師。那時是一九六〇年代，市面上找不到眞正有規模的天使基金、創投基金，創業文化也還處於萌芽階段。

在那個年代，大家只是談著創業，但沒有任何動靜。這情景不禁讓我想起劇作家尤金．奧尼爾（Eugene O'Neill）所著名劇《送冰人來了》（*The Iceman Cometh*）。在整齣劇中，劇中人只是坐在一家沙龍裡，談著要走的事，但沒有一個人眞的動身。說到這裡，順道一提，我有一位朋友尼克眞的離開惠普，自創公司。聽到他離開的消息之後，我高興得爲他送去一箱香檳以資慶賀。這已是四十年前的往事，或許他直到今天還不知道我爲什麼要那麼做。

這也讓我想到另一件事，學生需要學會不要等到畢業後再採取行動。很多學生有一種觀念，認爲自己應該按部就班往前走，在拿到文憑以前什麼事也不可以做。但如果他們不能養成根據自己的意願來做事的習慣，在畢業後也不會改變。許多偉大的創業家，在大學時代就已經擁有自己的事業，其中很多人根本就沒有畢業。今天，最爲人稱道的例子是臉書創辦人馬克．祖克伯（Mark Zuckerberg）與他的四名同窗，他們五人在哈佛大學學生宿舍創辦了臉書。

基於這個念頭，我決定爲我教的班訂一個班級研究專案指導原則：做一件你眞正想做、但一直沒有做的事，或是解決你的一個人生難題。做這樣的專案，目的在讓學生養成動手做的習慣。我要讓學生知道，他們不需要等到將來有一天再主宰自己的生活。這項由他們自行選擇題目、爲期十週的研究專案，爲他們帶來一種自我主控的意識，在許多案例中，這樣的意識讓他們終身受用。

同樣地，你也不用再苦候果陀，進行一些漫長、毫無意義的等候，你可以開始動手做一些自己一直很想做的事。一旦你展開行動，若能運用本書的概念，自我割捨一些閒雜議題，你也很可能擁有更有意義、更圓滿的人生。

電視影集《豪斯醫生》（*House*）的男主角休．羅利（Hugh Laurie），在接受《紐約生活周刊》（*Time Out New York*）訪問時表示：「我認爲，在人生旅途中，爲了等待一切準備就緒而遲遲不敢行動，是一件很可怕的事。我的感覺是，在今天這個世界，沒有一個人在做任何事以前能有萬全的準備。這世上幾乎沒有『萬全準備』這回事。這世上有的，只是現在而已。想做什麼，現在動手就對了！我的意思是，我說的這麼肯定，好像我馬上就要高空彈跳了什麼的，但我可沒有這個打算。我沒有那麼愛冒險。但我眞的認爲，一般而言，『現在』就做的時機，不比其他任何時機差。」

就跟學騎自行車一樣

一位友人最近告訴我，她想學騎自行車。她已經三十幾歲，所以我感到奇怪，爲什麼她在童年時代沒有學。是什麼事情，讓她直到今天一直沒有學騎自行車的機會？我最初以爲，她一定是住在一座繁忙的大城市裡。

她說：「不是，我住在郊區。我試過要學，但我的平衡感太差了，怎麼也學不會。」

這是一個用「設計思考」來檢驗我們解決問題的方法靈不靈的好機會，於是我們按步驟採取行動。首先，我必須確定，她要解決的是正確的問題——她是眞的想學騎自行車？還是說，這裡面還有一個她需要解決的更高層次的問題？我問她，爲什麼她要現在學？

「因爲我女兒剛剛學會騎自行車，而且騎得很好。目前，我可以跟著她一起慢跑，跑在她的旁邊，但這種日子沒多久了。我要學騎自行車，以後才能夠跟在她的旁邊。」

所以，這個高一層的問題是：她要跟在女兒的身邊。從她的眼神裡，我能完全了解她這番心思，學騎自行車似乎是解決這個問題的好辦法。所以，接下來我們進入「發想」的階段：她應該怎麼學會騎自行車？

「我想，我只要走進一家鐵馬店，請他們幫我選一輛最好騎的自行車就可以了。」這當然是一個可能的解決辦法，但如果她又像童年學騎時一樣，碰到同樣的平衡問題，那該怎麼辦？她說，她到現在仍然很容易犯暈。

我們討論了幾個構想，例如她可以學瑜珈，改善她的平衡感；也可以看醫生，檢查內耳是否需要治療；或是找人教，也可以在成人自行車加裝訓練輪……。雖然這個訓練輪的構想讓她發笑，但幸運的是，它是一個很可行的辦法。

我對她說：「妳知道，市面上也有賣大人騎的三輪自行車。」一盞燈泡亮了起來！她沒想到有這種東西。當然，比起那些時髦的單車，這種三輪車顯得有些笨拙，但有了它以後，她不必眞正「學騎」自行車，就可以立刻解決她的問題。她不但可以跟在女兒身邊（這是高一層的問題），而且可以跨過平衡感的問題。在那不久前，我有另一位人老心不老的朋友，在年老體衰、騎不動一般自行車後，就買了一輛這種三輪車。

這個解決辦法讓她開心得不得了，再費心耗神爲她尋找其他陪女兒的辦法已屬多餘。

與夥伴或團隊一起尋找解決辦法，就有這樣的威力，因爲我們每個人都有不同的經驗與省思可以相互借鏡。許多年來，她一直不肯學騎自行車，因爲對她來說，這似乎是個無解的難題。但經過和我的討論，我給了她一個立刻解決問題的辦法。因此，她能夠不再想東想西，展開行動。

在壓力下展開行動

我從諾貝爾文學獎得主約翰．史坦貝克（John Steinbeck）所著的《憤怒的葡萄》（*The*

Grapes of Wrath）中，摘了一篇叫〈牽引機悲歌〉（"Tractoring Off"）的故事，要學生閱讀。故事內容描述在一九三〇年代美國發生一系列沙塵暴侵襲事件——「黑色風暴事件」（Dust Bowl），一名農民與一名年輕牽引機司機的對抗。這名農民的土地遭到銀行法拍，銀行雇了這名司機來剷平他的地，還在剷地過程中毀了他的房子與農場。這名牽引機司機從小到大都住在這個社區，農民也認識他和他的父親。

在班上學生都讀完這篇故事以後，我要學生以舉手方式回答我的問題：如果沒有更好的養家糊口之道，有多少人願意當這名牽引機司機？之後我又問，有多少人不願意當這名牽引機司機？有多少人不確定？結果是，願意與不願意的人各占約四五％，大約十％的學生表示不確定。

這篇文章代表了一項經典的道德議題。這名牽引機司機知道自己做的事會毀了這名農民、毀了他的家，但他最後為自己的立場找到合理化的辯解，他告訴農民，就算他不做，其他人也會來剷平這塊土地、毀了這座農場。就算農民舉槍殺了他，明天還是會有其他人來做這件事。這句辯詞：「就算我不做，其他人也會來做」非常普遍。此外，「我必須養家糊口」，以及哲理味比較沒那麼濃的一句「我只是奉命行事」，也是常見的說法。

我之所以喜歡這篇故事，是因為它為我敞開大門，讓我與學生共享我的信念：一且眞正面對一種可比較的道德兩難式，他們根本無從得知自己會怎麼做。我告訴他們，我的人生也不只一次經歷危機，而我在危機期間的作爲，也未必與我的自我形象相符。

有一次，我跟露絲開車在法國旅行。露絲開著車，我們的小兒子坐在後座。我們的車在一座小山丘山頂轉了一個彎，望見山腳下因爲紅燈停了一排車，露絲想將車子放慢，但怎麼踩都不見動靜。露絲大叫，煞車壞了！在一陣恐懼之後，我突然放鬆下來，慶幸至少我們一家三口能死在一起。所幸，唯一死的是那輛撞得全毀的車。我們一家人，還有走背運、被我們的車撞上的那一家法國人，都沒有受傷。

那位法國駕駛人眞的非常仁慈，當時他開著一輛拖車載家人赴鄉間度假，儘管那輛拖車被我們的車撞得稀爛，但他表示，由於現在是午休時間，拖吊公司與租車公司都不上班，反正我們哪裡也去不成，倒不如大家一起用午餐好了。但當時我太惱火，竟一口回絕了他這番盛意。直到如今，每憶及此，我還是羞慚不已。

車子撞毀後沒多久，我釐清毛病出在哪裡。這是一輛手排車，由於露絲開自排車開慣了，誤把腳踩在離合器上，而不是踩在煞車上。我罵自己怎麼這麼蠢！在那緊要關頭，我原本可以伸腳過去踩煞車，或是要露絲這麼做，或者我可以把緊急煞車桿拉起來，要不然就是打倒車檔，將車硬往回拉。但我什麼都沒有做，只是在那裡暗自慶幸自己能與家人死在一起！我一向冷靜，每遇緊急狀況總能有所行動、化險爲夷，但這次怎麼了？這不是我認識的那個博納德。

另一次類似經驗發生在校園裡。當時，校方考慮晉升我的一位好友兼同事，但教務長辦公室有人對他身爲教師的效率提出質疑，結果這項調查任務落在我的身上。教務長辦公室要我在這位同事教的班上發問卷，讓學生爲這位同事評分。我遵命行事，收齊已經塡好的問卷。回到自己的辦公室後，我趁四下無人將這些問卷看了一遍，我立即察覺其中幾份問卷會出亂子。如果我把它們送進教務長辦公室，這位同事的晉升案會過不了關。

我猶豫了。儘管他的教學風格不是很正統，也不是每個學生都欣賞他獨具創意的教學方法，但我知道他是一位很優秀的教授。此外，我也不認爲這份問卷使用的調查格式，能夠公正評斷他的教學效率。最重要的是，我認爲自己是他的忠實友人，教務長辦公室那些行政人員用來判斷人的價値觀，有許多也絕對讓我無法苟同。這一切都慫恿著我，只要「遺失」幾份問卷，不就天下太平了嗎？當時，我的自我形象是：我不會把這些問卷交出去。不過，最後我還是把所有問卷全部送進教務長辦公室。

我在那場道德危機中，做了自己原以爲絕對不會做的事。所幸，這事談不上攸關生死，那位友人鬱鬱寡歡了一陣子，但他只耽擱了一年就獲得晉升，而且後來飛黃騰達，從此過著幸福、快樂——多少有一點吧——的日子。

冷眼旁觀其他人碰上的危機，一面高談闊論，說換成自己就會如何如何以不同方式處理云云，或許也很有趣，但最好還是觀察自己的人生，對你比較有幫助。檢驗自己的合理化與道德妥協，能夠讓你更了解倫理與道德決定的複雜與難測。

柏克萊有一家設計客製化自動裝備的公司，有一天，這家公司的執行長戴夫邀我共進午餐，討論加入公司董事會的問題，這件事也讓我陷於一種兩難的窘境。在那次的午餐會中，戴夫談到他計劃以自動化機器取代眞人員工，這些計劃讓我很是心動。但這裡有一大難處：我不願參與任何可能讓人失業的工作，但戴夫給我的條件很優渥，其中還包括豐厚的股票選擇權，讓我垂涎不已。我知道，如果我告訴他我有異議，這交易一定就此作罷。

當時，我倍感壓力，但我需要給他一個答覆。於是，我告訴他，我不能接受這項邀約。他請我解釋為什麼，我將自己何以不能從命的理由一一解說，但他在我說完以後向我保證，他在這個問題上與我有同感，還說他不會做我反對的事。但我眞的相信他這番說詞嗎？我不知道。畢竟，推動自動化的目的，本來就是要奪走人的工作的……但我就憑他這三言兩語，將自己的良知拋在一旁。我沒有再表示反對，就這樣加入這家公司的董事會。

無論就技術層面與個人層面而言，我在這個董事會的經驗都相當正面。幾年以後，這家公司被一家大公司購併，我持有的股票也爲我帶來我這輩子賺進的最大一筆錢。直到今天回想起來，那次午餐會的情景仍然歷歷在目：當時我心想，反對的話既已說出口，這件事一定就此泡湯，沒想到事實正好相反。

那一天，我學到兩個大教訓。首先，我原以爲自己能算準其他人的反應，但我不能。你永遠不可能知道別人心裡想的到底是什麼。其次，我原本很有把握，相信自己擋得了誘惑，但只要有人爲我找了一個台階，我就會隨便找個理由搪塞，推開我的原則。在獲得那次教訓以後，我開始十分同情那些在緊要關頭選擇當牽引機司機的友人。

史蒂芬・克萊恩（Stephen Crane）在所著的《紅色英勇勳章》（*The Red Badge of Courage*）中，對人在壓力下行動的焦慮，有一番勘稱經典的研究。在克萊恩栩栩如生的描繪下，我們看到一位年輕戰士的焦慮：他擔心自己一旦置身火線，會因恐懼而畏縮。戰事繼續進行，他先是怯懦不前，但最後展現了無比英勇。就像這位年輕戰士一樣，不論我們有什麼自我形象，想事先知道我們在壓力下會怎麼行動很難。

研究與統計數字的客觀公正性

研究人員常因偏見而做出不實、誇大的聲明，根據「研究結果」來做決定的人，很容易因爲這種偏見誤導而走上叉路。

我的專業生涯大部分時間都花在發表研究報告上，所以我覺得自己多少懂一點研究。我了解科學研究的程序與它們的局限。不僅如此，我有幾位身爲科學家的至交好友，包括心理學家與行爲學家，我曾目睹、甚至參加過他們做的一些實驗。

基於這所有的經驗，我發現，在研究人類行爲的過程中，想提出明確的說法實在很難。研究人員很可能犯下誤解、誇大或不科學的錯誤。所以，每當有人使用「科學研究成果顯示」、「研究報告證實」，或是「這項有科學根據的事實是……」這類文字，我往往選擇敬而遠之。我但願我們能知道科學研究人員所說的那一切事物的眞相。當然，這世上也有很多好科學，甚至偉大的科學，但我確實認爲在涉及人類行爲的問題上，科學驗證提出的主張，經常有誇大不實的毛病。

這世上有許多沒有實證、荒謬透頂的信念與主張，或許這就是我們對科學過度仰仗的原因。爲了對抗這種欺騙、詐取與無知，一切講究科學的趨勢開始成形。對某些人來說，一切未經科學認可的事都做不得數。但我們人類有一些重要的智慧泉源，是獨立於正式實驗驗證以外而存在的。我最擔心的是，若凡事一味堅持科學眞理，我們會貶低、甚至排除這些智慧泉源。

不幸的是，實驗驗證本身，也是一項相當不完善的工具。我認爲，我們應該了解，每當有人使用「科學」、「研究」這類字眼時，他說的不是無所不能、什麼都懂、像神一般存在的事物，而是凡人在一種既定典範、在科研職工結構下的工作成果。了解這點非常重要，因爲歸根究柢說起來，除非事情已經融入人的信念，否則想透過實驗手段來證明或反駁都很困難。[1]

輪到你了，練習動手做

請「做」下列這件事，不要「試」：寫一張清單，盡可能列出你的核心信念，然後自問每一項信念的基礎是什麼？我的經驗是，我有許多核心信念來自我的父母、社會、我成長的物質環境，以及各式各樣的同儕團體等，但這當然並不稀奇。接下來，你要自問的是，其中哪些信念仍然對你有用，哪些已經官能失調了，最好將它拋棄？

就算數據十分眞確，例如半數婚姻最後以離婚收場的事實，你就應該爲了離婚率太高而放棄結婚這個念頭嗎？統計數字可以向你顯示走勢，但不能預測你的人生。

基於同樣的道理，成就大功大業的機率，自古以來就很低。如果我們在選定職涯的時候，完全以能不能賺大錢爲標準，這世上將沒有電影明星、沒有作家、詩人或音樂家。無論任何人，想當一個自給自足的專業音樂人，機率都很低；然而，只要打開收音機，你就可以聽到成千上萬音樂人的作品。披頭四合唱團（The Beatles）、貓王艾維斯．普利斯萊（Elvis Presley）與死之華樂團（Grateful Dead）在起家之初，成功機率也很低。如果他們當初對這整件事做了一番「科學」規劃，選了一條似乎更有道理的職涯旅途，這個世界的損失該有多大！

不過，如果你屬於「成功」的那一群，所謂的「機率」對你來說就一點意義也沒有。任何一條途徑或許都只有二%的成功機率，但如果你是那二%中的一個，對你來說，成功的機率是百分之百。而且，成功機率愈低的事一旦成功，報酬往往也最豐厚。

失敗的禮物

媒體天后歐普拉．溫芙蕾（Oprah Winfrey）找到的第一份工作是擔任電視主播，結果被炒了魷魚，但這對她而言是件大喜事。如果她在巴爾的摩的記者生涯平穩順暢，一直做了下去，你能想像她的損失有多大嗎？美國童書作家蘇斯博士（Dr. Seuss）的第一本書遭到幾十家出版社的退件，後來只因爲一位友人同意自己將它發行，才終於熬出了頭。湯瑪斯・愛迪生（Thomas Edison）在製作燈泡時失敗了無數次，他用一句名言描述了這段經驗：「我沒有失敗。我只不過是試了一萬個不管用的辦法而已。」

有偉大成就的人，幾無例外，也都曾經歷慘敗。在許多案例中，被炒魷魚或遭到其他類似重挫，反而成爲當事人的一大福賜，讓他們最後成就輝煌。

你現在已經知道，「行動偏見」（"Bias Toward Action"）是我們史丹佛設計學院的一項基本原則。所謂的「行動偏見」就是：寧可動手做一件事而做不成功，也不要什麼事都不做，等著眼前出現正確的行動之道。如果你有行動偏見，失敗本就是預期後果的一部分。

這項基本原則的要旨就在於，面對不確定時，不要陷於癱瘓。如果你採取行動，果然把事情做成了，那很好。但如果你做了，卻失敗了，或許這才是更好的。因爲你做了，結果失敗，然後你學習，你再做，再次失敗，你學到更多。如果你能夠用心思考自己採取的行動，失敗能夠成爲你的導師。只需要稍有一些運氣，歷經足夠的失敗之後，你一定會成功。在許多情況下，這比費時耗力、調查怎麼做才好的做法，要強得太多。

沒有人喜歡失敗，但我們都會遭遇失敗。不要害怕失敗，它是你付出的行動代價的一部分。你不需要將它遮遮掩掩，假裝它不存在。最開明的承認失敗之道，就是慶祝它。

且看看馬戲團裡的那些小丑，如果他們在耍把戲的時候，不小心弄掉了一樣東西，經常會張開雙手，滿臉堆笑地跳起來，嘴裡頭還大聲嚷嚷，做個勝利歡呼狀。我過去的同事羅夫・費斯德在與我共同主持的研討會中，就曾經規定參加研討會的學生若搞砸了一個案子或什麼的，就得學小丑做這種勝利歡呼。這麼做的效果很神奇，它讓我們大大方方、將我們犯的錯毫不遮掩地公開展示。邁向成功的路上難免會出現失敗，一個體制如果不能夠接受這個道理而懲罰失敗，一定會扼殺創意。

許多人也承認，就抽象意義而言，失敗可能是一件好事；但在現實生活中，除非他們能處在一個支持這種概念的環境中，否則要他們接受失敗很難。這原也不足爲奇，因爲在今天的整個職場生涯中，犯錯是件壞事、甚至是個大災難，已經成爲無不奉行的準則。但在 d.school，在爲接受失敗創造環境這件事上，我們做得非常成功。看到我們的研究生能掙脫不能犯錯的束縛，實爲人生一樂。壓力消失了，他們彷彿重生，而且也往往造就驚人的成果。

傻孩子，它成功了！

除了我做的那個切瓶器以外，在我的記憶中，七、八年級的日子已是一片空白。

做那個切瓶器的經驗眞的非常特出，直到今天，我都還清楚記得每一項細節。我記得怎麼上果菜市場找一個板條箱，把箱子拆了當作切瓶器的木頭底座。我記得怎麼買了一條三英尺長的鎳合金線，這條線是整個裝置的靈魂。用鎳合金製成的細細一條金屬線電阻很高，一經通電，就能像烤麵包機與吹風機裡使用的線圈一樣，熱得發紅。用這樣一條熱得發紅的線纏緊玻璃瓶（那年頭還沒有塑膠瓶！），能夠讓玻璃瓶變燙，在燙到一定溫度時，將它猛然浸入冷水中，就能夠將瓶子切成兩半。如果你用的鎳合金線夠細，而且纏得夠緊，就能將玻璃瓶切割得天衣無縫，一半是瓶頸，另一半是瓶身。我覺得它很神奇，不過我怎麼也想不起來，當年爲什麼要做這個切瓶器了。

我唯一還記得的老師，是自然科老師迪爾先生，就是那位鼓勵我做切瓶器的先生。還記得當我在下課以後找他求教時，他還裝模作樣，求我不要再煩他。我也清晰記得，在爲那個切瓶器通電時，我把整棟公寓的保險絲都燒斷了。這讓我學到一個教訓：下次要做這樣的東西，要裝自己的保險絲。

那次經驗讓我難忘，因爲它是我記憶所及，自己眞正動手做東西的第一次。我發現自己可以做眞正的東西，那是一次對我日後影響重大的體驗，因爲它增加了我的自尊，讓我覺得自己很有用。從那以後，我喜歡自己動手做東西，喜歡自己想辦法解決問題，並且從中獲得極大滿足。儘管當時我並不覺得，但那次小小的成功，開啓了我這項畢生奉行的信條。

我還發現，我的許多同事也有類似的終身難忘的早年經驗。大衛・凱利說，他在年輕時，曾經成功把家裡的鋼琴給拆了。友人維克雖因精密機器人設計而得享盛名，但他最津津樂道的不是這些機器人設計，而是他年輕時在學校上自然課的科學作品。

甚至像閱讀這樣的習慣，也是因小小的成功而逐漸養成的。我還記得我第一次念完一整本書後的那種得意與欣喜，從那以後我愛上閱讀。進入職場後，迫於公務繁忙，我一度放下這個習慣。也因此，在開「社會設計師」課程之初，我刻意把閱讀放進課程中，這麼做既爲我自己，也爲全班的學生好。我要求學生在一連八週的期間，每週閱讀一本書，這項例行活動使我們師生都養成一個抽空閱讀的習慣。我因此重拾閱讀習慣，許多學生也因此愛上讀書，對我感激再三說沒想到上我的課，還能有這個好處。

成功爲自尊的提升開啓了大門。小時候的成功，對你日後人生的走向影響很大。但就算你已經老大不小了，還沒有眞正嚐過成功的滋味，你仍然可以成功。要點是，不要死守一個對你沒有幫助、不能讓你有成就感的模式，要變換不同的方法。

害怕失敗，經常讓我們困在無法令人滿足的例行公事中。不要只是做著改變的白日夢，要走出來，動手做新的事。每次一小步向前行，一次一點點成功，能爲你帶來人生的重大轉型。

換你接手，下週就做個小改變

你是否曾有過年少時獨力完成一件事、之後對你影響重大的經驗？回想那次經驗的本質，再看看你現在的人生，如果你不畏失敗、不害怕沒面子，你會有什麼不同的做法？下週，選一個這樣的領域，做一件你沒有做過的新鮮事。一開始，你只需要往前一小步就可以了。之後一連三週，每週多走一步。若是你摔跤了，自己站起來，繼續往前走。

你可以輕鬆在生活中測試本章的主要概念，請記得對自己坦誠，要注意你的自我形象與你實際行動兩者之間的差異。要留神意願與注意力之間、試著做與眞正動手做之間的差異。最後，也要記得觀察採取行動帶來的直接經驗，以及你嘗試克服對失敗的恐懼，如何影響你實現夢想的過程與結果。

WATCH your LANGUAGE

6 語言文字有魔力，懂得溝通很重要

眞誠——如果你能夠假冒眞誠，一定無往不利。

——喬治・伯恩斯（George Burns），美國喜劇演員

我們與他人溝通的方式，對他人對我們的看法有重大的影響。這其中的關鍵不只是我們說什麼，還在於我們怎麼說。提升溝通技巧可以改善人際關係，可以帶來更好的就業機會，還可以讓我們向更多人表達我們想要表達的訊息。

語言能夠影響我們對事物的看法，公關專家與廣告人當然知道如何利用這項工具，政治人物、政府，以及各行各業的炒作人士對此也必不陌生。我們早就知道，同樣的事物一旦貼上不同的標籤，能讓人有不同的行爲。這本書的用意則在於讓我們了解，我們選用什麼文字與語言會對我們自己造成許多影響，了解這點很重要。在懂得如何運用文字與語言之後，我們才能調整自己的用語和表達方式，讓它們更能夠切合我們的眞正用意，以及我們想要描述的眞實情勢。

「是」與「不」

一開始，我們先談一個簡單的二分法：「是」與「不」。有時我們說的是一件事，想的又是另一件事。舉例來說，在某些文化中，一旦特定情勢出現不能說「不」，因為這麼說不禮貌；在其他文化中，心裡雖然想說「是」，但為了禮貌起見，嘴上卻要說「不」。例如在伊朗，如果主人表示要請你吃東西或喝飲料，你一開始應該婉謝，只有在主人再次力催之後，你才可以同意。

我常用「是」與「不」做簡單的練習。我要兩個人搭檔進行對話，其中一個人一再重複「是」，每在這時另一人要答「不」。這麼過了幾分鐘以後，我要兩個人對調角色，原本說「是」的人現在變成說「不」，說「不」的人現在則變成說「是」。

大多數的人發現，要他們說「是」比較容易，但也有不少人認為，說「不」對他們而言比較輕鬆；不過，認為說「是」與說「不」沒什麼差別的人非常少。對我來說，有趣的是兩人之間的你來我往。這樣的對話可以有許多形式，它可以是兩人之間的一場爭執，也可以是一段簡單而嚴肅的交談，或是一個大玩笑，甚至是一次求愛。

重點是，讓參與者透過對話，體驗對話中「歌詞」與「曲調」之間的重大差異。在這樣的練習中，「歌詞」：是，不，是，不，是，不，由我來寫，對話雙方負責譜寫「曲調」，甚至還包辦舞步設計，決定在說「是」與「不」的時候，要採用什麼語氣和肢體語言。參與過這種練習的人，每在事後回想時發現，他們常在選用曲調的過程中，找到一些對自我了解非常有幫助的東西。

「而且」與「但是」

在「而且」與「但是」的練習中，歌詞往往支配了曲子。若想表達眞實情勢，應該使用的連接詞幾乎總是「而且」、不是「但是」，但我們往往用「但是」來取代「而且」。由於這種取代已經過於普遍，似乎成了一種正確的用法；不幸的是，這麼做往往產生一種將一句中性聲明變成負面聲明的效應。

我們且舉一個例子：「我想看電影，『但是』我有工作要做。」這個句子使用連接詞「但是」，將「我想看電影」與「我有工作要做」兩個短句結合在一起。我們且假定，實情是這兩個聲明說的都是眞話，果眞如此，要說明事實的眞相，應該說：「我想看電影，『而且』我有工作要做」，因爲看電影與工作在實質上並不相互衝突。雖然使用「但是」一般而言並沒有問題，但它不能夠反映實情。

在使用「但是」時，你爲自己創造了一個並不眞正存在的衝突，有時也是一個理由，但使用「而且」就沒有這些問題了。你或許會、也或許不會看電影或做工作，使用「但是」會將對話空間關閉，使用「而且」卻能夠開啓對話空間。不但如此，伴隨「但是」而來的，往往是一些狗屁理由。我們在對話時常將「但是」掛在嘴邊，但「但是」有一種封鎖效應，應該盡可能避免。

那麼，什麼時候可以使用「但是」？

無論你想要達成什麼目標，請小心不要用「但是」關了對話，把自己擋在外面。假設你的目標是取得一份很熱門的實習工作，而這份工作需要到處旅行。你告訴自己：「我想要這份實習工作，『但是』我怕坐飛機。」你的腦袋會將你這句話解讀爲：「嗯，好吧！人生本來如此。看來我們不會幹這份實習工作了。」

但如果你用「『而且』我怕坐飛機」來開啓對話空間，你的腦袋會思考該怎麼處理這句話的兩個部分。你或許會找個心理治療師，也或許會使用靜坐沉思的方法來解決這個問題。

不過，問題是，在對話中只用「而且」，會讓你顯得非常怪異。我在許多年前做了一次實驗，在整個週末只用「而且」、不用「但是」，不騙你，別學我幹這種蠢事。

每當我大聲說「但是」，並且自認爲說得並無不當的時候，我常在內心同時將它轉換爲「而且」。這種做法很有效，只有一次例外：有人在參加我的研討會時聽到這「但是」，爲了證明他們有多聰明，還公開糾正我。我一笑置之，但我很厭惡這種事。

拜託，不要耍這種聰明，只要想辦法糾正「自己」就行了。如果你想要糾正你的朋友與家人，可以買這本書送給他們，這麼做對你的人際關係會好得多。

輪到你了，練習一下

如果你想進一步體會，從現在起，以五次爲限，每在使用「但是」時，將它在內心轉換爲「而且」。在內心默唸，重複你剛脫口而出的那個句子，將「但是」改爲「而且」，注意自己有什麼感覺。

「必須」與「想要」

「但是」是我們在對話中最應該避免使用的用詞，第二個應該避免的是「必須」。在一般情況下，最能說明實情的動詞應該是「想要」，爲說明其中道理，我的做法不是提出什麼長篇大論，而是讓人做一次簡單的練習，最好能有兩個人搭檔，練習效果更佳。你說一個以「我必須」開頭的句子，你的搭檔複誦這個句子，只是將「我必須」改成「你想要」。比方說，你說：「我必須完成我的工作」，你的搭檔就說：「你想要完成你的工作。」

幾乎無論面對任何情勢，採用這種做法都能向你有效顯示，在你認爲逼不得已的一些決定中，你自己的選擇與意願，其實扮演了相當角色。比方說，你可以將「我必須呼吸」轉換爲「我想要呼吸」。也許你會不以爲然，大聲抗議：「你說什麼？我本來就『必須』呼吸啊！」

你說得沒錯……如果你「想要」活著的話。你也可以選擇自殺，停止呼吸。如果你想要活著，選擇繼續呼吸絕對錯不了。

輪到你了，你「想要」做什麼事？

如果你想進一步體會，從現在起，以五次爲限，每在使用「必須」時，將它在內心轉換爲「想要」。在內心默唸，重複你剛脫口而出的那個句子，將「必須」改爲「想要」。

這麼做能非常有效地讓你認清一件事：人在生活中做的大小事物，其實都是因爲自己選擇要做而做的，就算那些自己不喜歡做的事也不例外。有時我們會困在一、兩件事物上、脫不了身，例如我好友歐茲格的遭遇就是一個好例子。在上我的課的時候，我要他做這個練習，說他想要修數學課，這是他的碩士班必修課，但簡直比登天還難。事實上，他非常確定他不想要修數學課，如果不是因爲非修不可，他一定不會修這門課。

歐茲格從碩士班畢業以後，進入業界工作了一年，之後又回到史丹佛攻讀博士。在回到史丹佛以後，他立刻跑來邀我，請我在舊金山與他共進土耳其大餐。他在餐桌上對我說，儘管他仍然痛恨碩士班必須修數學的規定，但他也發現自己其實想要修這門課，因爲修這門課的好處遠比帶給他的不快大得多。那天晚上，我們等上菜等了好一陣子，但我認爲很值得。我因此愛上了土耳其美食，還開創了一個傳統，從那之後一連好幾年，我們吃遍了舊金山地區每一家土耳其餐廳。

就算歐茲格始終沒有獲得那個修數學對他有幫助的覺悟，做這項「必須/想要」的練習對他仍有好處。日常生活不是一門精確的科學，了解這點很重要。在數學等類似領域，只須一個反證已足以證明一個做法行不通。相形之下，根據我的人生觀，如果你用一種做法做一件事，結果幾乎每次都做得很好，你應該把這個做法視爲你的指導原則。

如果歐茲格在檢驗他的一生後發現，只有修數學是自己這輩子唯一一件必須做而不想做的事，他或許應該知足地度過一生，就像他做的每一件事都是他想要做的事一樣。不曉得各位有沒有聽過一句話，「例外能反證規則」？如果你搜索枯腸、想找一個例子證明這話不對，或許你也該知足地度過一生，相信這句話了。—

「不能」與「不願」

接下來，我們要用「我不能」與「我不願」來做比對。我們在前一項練習使用的同一套程序，在這裡同樣管用。請大聲說出：「我不能停止呼吸」，然後說：「我不願停止呼吸。」就這麼簡單，將「不能」改成「不願」，往往能夠產生很大的效應。「不能」有無助的意涵，「不願」則顯示決斷與選擇。

其他還有一些類似的改變用字練習也值得我們一試，例如將「我需要」改成「我想要」，將「恐怕」改成「我想……」等。下次當你發現「我需要」或「恐怕」這幾個字從你口中脫口而出時，不妨試試這個練習。這些簡單的改變能夠帶來重大差異，讓你感覺自己和自己的行動更有力。

「幫助」與「應該」

還有兩個用詞，最好也能棄而不用，或是盡量少用，那就是「幫」與「應該」。如果你將「幫」與「協助」比較一下，用「幫」這個字的難處變得很明顯。當你在「幫」一個人的時候，你似乎將對方視為一個無助的人，只有你有能力。但當你「協助」一個人的時候，你表示自己尊重對方，認為對方同樣有能力。「協助」是一種加分語言，

「幫」往往帶來減分效果。

同樣地，「應該」也是一種減分語言，它意味著因義務而做一件事，不是想做，而是非做不可。我爲這個用詞設計了一套由兩人進行的練習，由一人先說一句「我應該……」起頭的句子，搭檔問道：「爲什麼『你應該』啊？」在這句令人不知如何回答的問話過後約兩分鐘，先發話的那人有所省悟，兩人隨即對換，於是搭檔也領悟到大多數「應該」的荒謬。就算你只有一個人，身兼兩角進行這項練習，與兩人相互演練的樂趣幾乎也不相上下。

少問「爲什麼」

在與人溝通時，盡可能避免使用「爲什麼」。問一個人「爲什麼」做一件事，你的問話容易帶有負面、譴責的含意，讓對方覺得他必須防衛。

使用第一人稱來說明你的立場，才是正確的做法。比方說，不要問：「你爲什麼選珍妮做你的搭檔領隊？」你可以說：「你沒有選我做你的搭檔領隊，讓我很傷心。」直截了當而誠懇的對話，既能節省時間，還能有效達到你的目標。在前述這個例子中，形形色色的好理由都可能是「爲什麼選用珍妮」的答覆，無論對方用了什麼理由，最可能的情況是，你還是沒機會向對方訴說你感覺受傷。

貌似疑問的表達

事實性問句、探詢意見的問句，以及修辭性問句，是正常對話中最常見的幾種問句。並非所有的問句都是真的問句，了解這點非常重要。大多數人都知道，與人見面時問道：「你今天好嗎？」、「今天過得還愉快嗎？」，不過是一句寒暄，並不是眞正的問句，也沒有人期待對方會正經作答。

這類沒有實際意義的問句，除了展現善意之外，也能表示你注意到對方的存在。每當陌生人向我提出這類問句時，我總是相信對方這麼問是出自善意，因此也會善意回應。不過，有時我會碰上一些顯然把這類寒暄視爲工作的人，面對他們機械式的問候，我很難善意回應。有一次，我就刻意開了一個玩笑，那是在超市結帳時與收銀員的一段對話：

她：你今天過得好嗎？

我：我得了癌症，快要死了。

她：那很好。

我：也祝妳快樂。

顯然，她只是在做她的工作，不在乎我說了什麼，甚至根本懶得聽我說些什麼。除了用這類問句打招呼之外，有人經常只因爲沒話想找話，所以用它們當作搪塞。他們覺得自己需要說一些什麼，於是提出了一句問話。就像那位結帳櫃台的收銀員一樣，他們並不在乎對方做何答覆；他們已經將注意力轉移到其他地方，甚至根本不聽對方答些什麼。有時，在對方答話答到一半，他們又提出另一句問話。在這些案例中，這些特定問話顯然全不相關。問的人如果不在乎答案是什麼，他問的不是一句眞正的問話。

在「教師與學生」或「老闆與員工」的關係中，我們也會使用問話做爲地位象徵。假設我是老師而學生問我問題，這表示他們尊重我，想知道我的答案是什麼，並且認爲我很聰明，對嗎？

也或許，實際情況正好相反，他們想在班上表現一下，讓大家看到他們提出聰明的問題。你可曾見過這樣的人：他們在開會時佯裝向會議主席提問，卻自己長篇大論、用一些冠冕堂皇的大道理講個沒完沒了，讓人不禁以爲他們眞正的用意，是讓與會者都聽他們說些什麼。如果提出的問題獲得主席一句「這個問題很好」的答覆，能讓他們臉上有光。能在衆目睽睽之下，與一名權威人士似乎平起平坐的對話，往往已經是提問者提問的全部用意。

一年夏天，我在保加利亞一處黑海沿岸的休閒勝地講課，班上學生都是年輕的研究人員。那天是長週末最後一個晚上，我興致勃勃，出席班上舉行的惜別會。當我抵達會場時，節目已經進行多時。我走到飲料桌前，爲自己倒了一杯酒。等我轉過身來面對會場時，發現每個人都坐在地上，抬眼望著我。我問那位主持惜別會的教授怎麼一回事？他告訴我，學生們想問我問題。

値此良宵，卻把時間花在問答上，我說什麼也不願意。但拒絕他們顯得我太無禮，我得有所反應才行。於是我對學生說，有問題想問我的人請舉手，似乎在場每個學生都有問題要問。眼見自己一夜狂歡的美夢逐漸化歸泡影，我實在心有未甘。就在這氣極敗壞的片刻，我心生一計，要學生們都把眼睛閉上，想像他們正在與我說話，問我他們要問的問題。然後，我要他們在心中假想，我答覆了他們的問題。最後，我要他們都睜開眼，要那些還沒有得到答案的人舉手。這次，沒有人舉手。於是我說：「太好了！大家都站起來，開趴吧。」

直到今天，我仍然深信那天在場學生並沒有眞正的問題要問。他們有整整一週時間向我提問，哪會等到這最後一刻？讓我特別開心的是，不管是誰出的餿主意，在惜別會上搞問答會，我都沒有讓那個人得逞。我不知道那天晚上學生們給自己什麼答案，但無論如何，我們每個人都玩得非常盡興。

提問的人需要是在尋找資訊，才能提得出眞正的問題，例如「你叫什麼名字？」、「現在幾點鐘？」、「走哪條路去機場最快？」等，看起來都是眞正的問句。但除非我們能知道發問者是否眞的想知道這些資訊，否則我們還是無法確定它們是否爲眞的問句。因爲「你叫什麼名字？」可能只是沒話找話聊，「現在幾點鐘？」可能只是搭訕的藉口，「走哪條路去機場最快？」可能只是同事丟梗，讓你問他準備去哪裡度假。

有些問題擲地有聲，能引起一種造成變化的互動。如果你在提問的時候，意在讓自己、也讓其他人潛心思考，那麼你問的是一個有成果的問題。如果你還眞心予以關切，那麼你的問題不僅眞實、還有成果，它們能促成一種讓所有參與者都能傾聽他人意見、完全投入的對話。提問者得到的不僅是「正確答案」而已，答問者與提問者之間，因提問而出現一場在問訊與倡議之間來回流轉的對話。眞正有成果的提問，對所有參與者都有加分的效果。它們帶來的成果，遠比傳遞已知資訊大得多。

成就往往與人際關係息息相關。團結就是力量，同事與上司如果尊敬你，你走的會比較遠。當朋友覺得你眞心關懷他們時，他們與你的友誼會更持久、也更有意義。如果你問一些可以丟進垃圾桶的話，就算出於無心，也會讓人覺得敷衍。不要沒話找話聊，只是爲了發問而發問。如果你要問候同事「你今天好嗎？」要等到聽完同事回答以後再走開。

情境脈絡

溝通時的情境脈絡，對你說這些話的含意，以及聽者理解的感受有很大的影響。我曾有過這樣的經驗：對某些人說了一些話之後，訝然發現，他們聽到的與我說的完全不一樣。

有一次，我與妻子露絲在一次宴會結束後，離開史丹佛教職員俱樂部。在我們剛走出俱樂部大門時，露絲對我說：「謝天謝地，我眞高興終於能出來了！」我那一系的系主任、也是晚會的主辦人隆恩，當時正走在我們後面，無意間聽到露絲這句話。他說：「露絲，晚會沒那麼糟吧！有那麼糟嗎？」露絲只得向他解釋說，她腳上的鞋子把她害慘了，她說這話的意思是，她迫不及待想回到車上，把鞋子脫下來。露絲還向他保證，晚會辦得很好，她玩得非常開心。她說的是眞話，但直到今天，我還不敢說隆恩是否眞的信了她的話。

造成誤解的原因雖然多，但溝通時的情境脈絡，是最重要的原因之一。在教學過程中，情境脈絡的誤植，也是造成誤解的最大原因之一。就像露絲與隆恩一樣，學生可能是在談論她穿的皮鞋，而老師聽在耳裡的卻是宴會。顯然，除非溝通能處於同樣的情境脈絡之下，否則同樣的話聽來可能有完全不同的解讀。

我在課堂上發現了一個好方法，能保證師生共享同一情境脈絡：讓學生提出有關課程內容的問題。我定期規定學生提問，如果是只有二十人或不滿二十人的小班，我會規定每個學生必須問一個問題。如果是人數較多的大班，我用隨機的方式點名，被點到的學生必須提問。有些學生理解的情境脈絡，與我想像中的差距之大，經常讓我匪夷所思。我要他們提問，任何問題都可以，而且問得愈傻氣愈好。結果我發現有些學生完全誤解了我們的課。想在差距大到無法拉近以前，讓所有人共享溝通的情境脈絡，這是一項很好的工具。

我和來自不同學術領域、不同國家的同儕做了許多工作。在與這些同儕的交流過程中，情境脈絡再一次成爲有意義對談的關鍵。許多年前，我推出一門叫做「電腦輔助設計」（"Computer-Aided Design"）的課。我的密友、也是同事的道格也跑來聽課。我們兩人都有很強的數理背景，我出身研究機械系統，他的背景則是研究化學系統。我們彼此從來不拘小節，而且相互也非常縱容。就這樣，我那間教室出現了一幕奇景：一個教授站在台上講課，另一個教授坐在台下聽課，還不時大叫「狗屁！」我敢說，在座學生絕對沒經歷過這種事，未來大概也不會經歷。

下課後，我們才發現，原來我們並未共享同一情境脈絡；在我們各自的領域，同樣的字有非常不一樣的意義。道格與我都爲此捧腹不已，這幕「狗屁秀」也讓學生開了眼界，事情還算有趣。但如果道格與我不能直接、無拘束地溝通，同一件事很可能會變得很難看。

了解每個人有不同的談話需求

在口頭溝通的過程中，歌詞與歌曲都很重要，但我們往往輕忽了歌曲。就算是簡單的「是」與「不」的練習，也能夠帶來各式各樣的體驗。你可以用一種憤怒的方式、用一種枯燥的方式、用一種刺激的方式、用一種逗趣的方式、用一種嘲弄的方式、用一種不痛不癢的方式、用一種性感誘惑的方式、用一種深情的方式，進行這個練習。重點是：歌曲可能比歌詞更重要。

有時，歌詞可能沒有眞正的意義。例如，許多流行歌曲的歌詞，只是在創造一種情緒，讓我們投入而已，並不是要我們根據字面加以解讀。同樣地，向他人訴苦、抱怨自己的情勢，也是引人注意、讓他人關注我們的好方法，就算我們並不是眞的想聽取他人建議也沒關係。

如果你向朋友訴苦、發牢騷，他們給你一些忠告，你會怎麼做？向朋友致謝，然後採取忠告？或者，你會說「你說的對，但……」？如果你的反應是後者，實際情況很可能是你只是想向人吐吐苦水罷了，並不眞的有意解決問題。

這件事反過來說也通，如果你爲了幫朋友解決問題而提出建議，結果他們用「你說的對，但……」來作答，實際情況很可能是他們並不是眞的需要你來幫忙解決問題，只是想要有人聽他們吐吐苦水、發牢騷——他們要你聽他們的歌。在這種情況下，適當的反應是表示同情，聽他們傾訴，肯定他們的感覺與經驗。

我老婆有一群姊妹淘，只要有人得了感冒之類的症狀，就會相互提一些吃抗組織胺的建議，每見及此，總是讓我感到有趣。這些婦女都有養育兒女長大成人的經驗，歷經感冒這類尋常病痛不計其數。她們要的只是向人訴苦而已，她們不需要、也不想要友人的醫藥建議，她們要的只是一點同情。最主要的是，她們需要與友人一起相互取暖，因爲她們的孩子都已經長大成人，不再與她們交談了。

溝通的風格也因人而異，各不相同。我那個成年的兒子，通常不喜歡像他媽一樣，拿起電話就說個沒完沒了。這在一開始很讓露絲傷心，現在母子倆已經訂出一套規矩，如果我兒子眞的不想在電話中與他媽閒聊，他會告訴他媽：「這是一通公事電話。」母子倆經過好長一陣子討價還價的折騰，才終於想出辦法，相互適應對方不同的談話需求。

面對同事，你也可以學著這麼做。與其跟對方不斷地閒扯下去，你可以想辦法讓對方就此打住。例如，你可以說：「如果你很忙，我可以給你摘要就好」，或是「你現在想聽我說這件事嗎？」等。

我有一位走得很近的友人，喜歡找人搭訕，而且一搭上就講個沒完沒了。在參加晚宴時，他會與坐在身邊的人談得入神，常使餐桌上其他人覺得自己遭到冷落。更絕的是，他的談話主要是他一人的獨角戲，內容也總不外他過去那些冒險事蹟。幾年前，我們都曾出席過一次大型晚宴。我注意到他整個晚上都在與一位我不認識的女士交談。第二天他對我說，那個晚宴讓他非常高興。我問他，那位與他談話的女士是誰？結果是，他對那位女士一無所知，整個晚上他談的只是他自己的故事。那位神祕女士顯然是很有耐心的好聽眾。

我認識一對夫婦，喜歡與友人細細分享他們的每一件大小經歷。他們稱這個過程是「結案匯報」（debriefing），而且似乎樂此不疲。這麼做，讓他們對原始經驗的感受更形深刻，幫他們重溫舊夢。它同時也是他們與他人交往的重要渠道。

反之，我比較喜歡將自己的經驗藏在心中，細細咀嚼，或是將它們寫下來；比較不喜歡將它們一五一十地公開宣揚。因此，每當有人要我做「結案匯報」時，我會故意把「debrief」聽成「Be brief」（簡短一點）。當然，我也需要與人交往、與人共享我的喜怒哀樂。不過，對我而言，事情的結果一般是「少就是多」。

就算風格極其不同的人，仍然可以有效溝通。比方說，我太太、我們的子女，以及我自己的溝通風格就都不一樣，但我們確實能夠有效溝通。如果沒有豐富的溝通經驗，想知道怎麼做才能適當表達你的訊息並不容易。每一個新環境都有它本身的挑戰，我認為下列指導原則對有效溝通很有幫助：

- 首先，盡可能根據你本身的經驗與感覺發言。經由這種方式，你為自己說的話負起直接責任，也讓其他人很難不跟著你照做、為他們自己說的話負責。在評斷他人是非時，你需要了解自己只是在表達意見而已。永遠只根據你自己的感覺，或是你個人的看法發言，這是最好的辦法。不要把你個人的評斷概略化或空泛化，要說「我認為……。」
- 傾聽他人的故事而不插嘴，是一件最難辦到的事。許多人喜歡插嘴，是因為他們想到一個念頭，但擔心現在不說等一下就會忘了，或是擔心現在不說等一下再說就不相干了。碰到這種情況，最好的辦法就是乾脆把它擱開。如果等對方把話說完再提，這念頭的內容仍然恰當，到時候再提也不遲。如果等對方把話說完，你也把這念頭忘了，再也想不起原本想說什麼，那麼無論這念頭再英明、再偉大都沒關係，反正也不會有人發覺什麼異樣，這個世界一切仍然照舊！
- 在聽完別人的故事後，不要立刻用一個自己的故事接嘴，這是第二件最難辦到的事。之所以要你不要立刻接嘴，是因爲你的故事未必如你想像中那麼切題。如果不切題，那位告訴你原始故事的人，會覺得你沒有眞正在聽，也不是眞的了解他在說什麼。另一方面，如果你說的故事切題，而且比原先的故事還要好，又會顯得你在玩高人一等的遊戲。原始故事黯然失色，說原始故事的對方，會覺得你的故事非但沒有支持、還貶低了他。

我有一個好友，在結婚多年後離了婚，在與妻子分開後，他將這件事向一衆親朋好友轉告周知。而衆親友在聽說之後，也紛紛把發生在自己婚姻生活中的危機事件告訴他。當然，我們這些做朋友的，之所以告訴他這些事，用意是想讓他知道「我們了解你的遭遇。」但事實上，我們帶給他的感覺，卻是我們沒有仔細聽他的遭遇。回想起來，我發現，如果我當時能將我對婚姻的牢騷擺在一邊，與他談他的感覺，而不是我的故事，我會成爲更加好得多的朋友。

一切溝通的背後，都有「意願」的問題。你想要溝通的是什麼？只是開口說一些話，並不表示你已經表達了這件事的重要訊息。我在很早以前的教書生涯中，就已經領悟到這一點。我在課堂上把一個主題重複講述好幾遍，以表明我對它的重視。但每當我就這個主題出考題的時候，總會有學生對我說：「這麼做不公平，因爲你在課堂上，根本沒提到這件事。」我終於發現，原來教師的世界與學生的世界非常不一樣，我必須讓學生都接到我要表達的訊息才可以，這是我的責任。

掌握八項要點，做好溝通這件事

此外，就算所有當事人都已經對一段聲明達成協議，甚至還在書面上簽字切結，也並不表示同一件事已經得到每個人的眞正同意。眞誤解的狀況，所在多有。

會發生這類事件，主要是因爲一般人並不會想方設法，與人共享他們的言語和用意。要記住，成功的溝通需要意願與注意力，你需要有與人共享言語和用意的明確意願，還需要用明確的注意力保證它們確實傳達。除非你與某人已有強有力的關係或交流經驗，否則只是說說，往往不足以眞正溝通好一件事。演員都知道，除非他們知道自己扮演的角色心裡怎麼想，否則他們演不好那個角色。[2]同樣地，只有當所有當事人都知道其他人的想法，眞正有效的溝通才能出現。

我對良好的人際溝通，有下列幾點最主要的建議：

1.代表「你自己」說話。說「我知道」、「我想」、「我覺得」、「我的反應是」，不要說「每個人都知道」、「我們都認爲」、「我們都覺得」、「每個人的反應都是」等。與其把責任推給其他人，爲自己說的話負責會好得多。你連自己眞正想些什麼都不知道，更遑論知道其他人在想什麼了。

2. 不要評斷。如果一定需要評斷，特別是在一場辯論，或處於一種緊張情勢中，你要代表自己的感覺與反應發言，原則如第一項。

3. 要表示你已經注意到他人的議題。每個人都希望自己說的話被聽見，要讓對方知道你已經知道他們說的問題了，除非他們明白表示，否則不要嘗試解決問題。他們可能不想聽你的建議，也不想知道你的類似經驗；他們只想知道你已經聽到他們說些什麼。這整件事的重心是他們，不是你！

4. 不要問「爲什麼？」，只要就你的立場陳述意見就可以了。問別人爲什麼做某件事，會讓他人築起壁壘，產生防衛心。

5. 眞正的傾聽。就算你認爲你已經知道他們要說什麼，或是你已經聽他們說過同樣的話，也不要打斷對方，或是想辦法走開。當對方在說的時候，不要在你的腦海中準備答詞。無論你想到多麼了不起的點子，也要甘心將它放棄。

6. 當你在說一個故事的時候，要將你的重點述說明白。同時，要有遭人誤解、會錯意的心理準備。如果你的訊息非常、非常重要，可以試著請對方向你複誦一次，以確定對方確實了解你的意思。

7. 要確定溝通的訊息，已經如你期待的那樣被聽見。在你表達訊息之後，可以做進一步的追蹤。要有意願與注意力，務使對方像你期待的那樣理解你的訊息。

8.同時，確定自己了解對方想傳達的訊息。

此外，你還可以做到超越只是聆聽，不只聽懂對方的話，更明白對方的心思。任何時刻，當你有疑慮的時候，你可以用自己的話重述對方剛說完的話，例如，你可以說：「如果我沒聽錯，你是說……」，或「你的意思是說，你覺得……。」設法切入核心，了解對方想要什麼，或是對方的感覺是什麼，然後進行檢視，確定自己沒有搞錯。

湯瑪斯・高登（Thomas Gordon）為這種做法創造了一個名詞，稱為「積極傾聽」（active listening）。[3]在剛開始這麼做的最初幾次，你或許會感覺假假的，畢竟大多數人一般不會在聽完一個人的話之後，經常重述一次，但這是一種非常有力的工具。一旦你讓對方覺得你已經了解他的意思，你等於給了他一份很好的禮物。

不要避開硬對話，因為它能夠解決問題

無論在任何團體，想要做出好成績，做好「硬對話」（hard conversations）都是一項重要的能力。想避開探究真正感覺或觸及棘手議題核心的對話很容易，但是避開這種硬對話，一般而言只會讓事情變得更糟，不會讓事情變得更好。如果做得恰當，硬對話可以大幅改善問題，以一種正面的方式，全面改變氣氛。

我發現，無論在工作上或家庭中，情況都是如此。如果一個人採取主動，其他人一般都會隨行效法。其實，方法很簡單，你只要說出你的感覺、表達你關切的是什麼就可以了。但要注意，不能攻擊身爲對象的那個人。

三十年前，在一次的教職員會議當中，我們設計部門狠下心腸，告訴一位最年輕的教員說我們要他走路。因爲當時的情況很明顯，如果他繼續留在史丹佛擔任講師，會永遠無法完成他的博士論文。直到今天，我仍然記得當時那種全員一體、慷慨激昂的感覺。設計部門的每一位成員，包括遭我們辭退的那位講師，都在會中開誠布公地表示意見。我一次又一次地發現，如果一個人發出肺腑之言，其他人也會跟進，團體的社群意識與承諾感也會因此大幅提升。反之，如果討論總在一種膚淺、沒有感情的層面上打轉，沮喪感與疏離意識會油然而興。

社會學者討論現實與非現實衝突。現實衝突是一種目標導向的歧見，也就是說，衝突內容是衝突各方需要解決的特定事物。當這類衝突在運作良好的關係中出現時，解決衝突的方法，能使大家都朝理想目標邁進。至於非現實衝突，就本質而言，它是一種與談論議題無關的衝突。它的主要目標——至少其中一名參與人的主要目標——是釋放緊張。非現實衝突的眞正目標，並不在於解決問題，群體中若沒有一種眞正的相互依存關係，這類衝突就會出現。出現非現實衝突的群體，存有一種虛僞的相互依存關係，成員相互僞裝，表現與事實不符的假象。

發動這類衝突的人，或許意在隱瞞一種貧乏的自我形象、一種排他意識或嫉妒心。無論根本原因何在，由於不斷承受不快，他們感受到的緊張壓力也逐漸升高。挑起非現實衝突，可以讓他們藉機暫時釋放一些不斷升高的壓力。但除非能就造成緊張的根本原因採取行動，否則這類衝突只是暫時貼個ＯＫ繃、緩住惡局罷了。

良好的溝通技巧，會影響到人生的每一個層面。一個人找不找得到一份好工作，能不能與他人建立重要關係，能不能在名譽不受重創的情況下度過公關危機，會不會成爲不受歡迎人物等，都與這個人的溝通技巧有關。我們在選總統時，最主要的評估標準，就是候選人的溝通風格。我們看重能夠開誠布公、誠懇與人溝通的候選人。我們不願意被人牽著鼻子走，也不願意守候在電話機旁，苦等半個小時都沒有人來接聽電話。不解這些社會心聲的候選人，不會獲得我們的選票。當然，最懂得溝通的人，未必口若懸河、舌粲蓮花，但他們會關心他人、讓別人知道他們在仔細聆聽。

GROUP HABITS

7 培養群體習慣，這些方法你用得著

這是發生在紐約市的一段對話，當時我搭乘朋友哈洛的便車：
我：哈洛，你爲什麼在轉彎的時候不打燈號？
哈洛：我不喜歡讓陌生人知道我的事！

歸屬於群體，是我們展現出人性的重要方式。大多數的人會參與許多群體，除了家庭以外，我們還有朋友群體，以及專業、政治、健康、學校等各式各樣的群體。在這些團體內與人互動，可以改變你對每一種情勢的感覺，也可以豐富或搞砸你的人生。

在這一章，我們要討論如何在團隊運作、實體空間、肢體語言，以及溝通上做有生產性的改變，讓群體生活更能與你相得益彰。

團體生活增加豐富與多元性

由於我在 d.school 擔任教務長，除了教書以外，還有行政工作。在大部分時間，這些工作爲我帶來各種不同的群體經驗。根據 d.school 的規定，每一個班都必須採取團隊教學制，而且我們採取的團隊教學做法，與史丹佛其他許多團隊教學課程不一樣：在我們設計學院，整個教授團隊應該出席每一堂課，而且必須有隨時上陣的準備。儘管也有一些比較特別的例外，史丹佛的其他團隊教學課程大多以接力方式進行：每一位教授教一段，然後離開課堂，交棒給下一位教授。

我們認爲，如果教授團隊每一位成員都參與，學生得到的經驗會更加豐富。我的同事吉姆・亞當斯就很喜歡這種做法，他對我說：「我喜歡團隊教學，這樣我們當老師的，可以相互扯些有的沒的，讓學生更能了解教授也是人，更能看清教授的世界。」可惜的是，在閒扯的好處這個議題上，我大多數的同事沒有吉姆這麼開明。無論如何，在同一間課堂裡，能夠出現不同的觀點，對每個人來說都是福音。

在我們初次在班上採用這種做法的那天晚上，我接到比爾的一通電話，接下來的事堪稱是團隊教學好處的招牌範例。比爾與我都是「轉型設計」班（“Transformative Design”）教授團隊的一員，能夠跟他一起工作令我十分雀躍，因爲他是我幾位最親密的友人之一，不但是一位世界級設計師，設計過世界第一部膝上型電腦，也是創意設計公司ＩＤＥＯ三位創辦人中的一位。下列是這通電話的對話：

比爾：我想知道，你對我們今天下午的課有什麼看法？

我：我覺得很棒。你呢？覺得怎樣？

比爾：沒錯，我很喜歡。

我：那好！

比爾：幫個忙。下次在要上課的前一天晚上，先把你的 PowerPoint 簡報給我看一下。

我：你知道我要問什麼，你要簡報做什麼？

比爾：跟內容無關。我要改你的字體。

我：你不是在開玩笑吧？

比爾：不是。

兩天後，比爾帶著太太卡琳來我們家用晚餐。我向我們的兩位太座出示我的 PowerPoint 簡報，她們兩位都是設計師，都有非常好的美感。兩位太座幽默了我一陣子，說我用的字體還不壞，但我知道比爾說的沒錯。然而，我的犯行還不只一樁，比爾毫不客氣，一一指出我的毛病，說我用的字級大小變化太多、字體用得太多款，而且格式還不一致，最糟的是，我沒有使用 d.school 的標準字。他一說完，卡琳就接口幽比爾一默，說他是「字體納粹」，我們都大笑不已。

隔週，我當然把這個小故事在班上發表。在那整個學期，我因爲那次事件而得了一個信條：「把字體弄好，否則比爾會來找碴。」那眞有趣。

不過，這個事件背後有一個大教訓：我是工程師出身，擔心的主要是內容；比爾是設計師出身，看到不美的東西讓他打從心底覺得無法忍受。如果由我一個人教這個班，學生永遠無法像這樣自然而然、沐浴在比爾爲他們帶來的感性世界中。感性與不同觀點的共享，豐富了學生與教師的教學經驗。我們能做到這一點，是因爲我們讓來自不同背景的教師同在一間課堂上課。

從那以後，班上所有的 PowerPoint 簡報、隨堂講義，以及網頁貼文，當然都由比爾負責準備，無須贅述原因。我們運用 d.school 的標準字，優雅而美觀地呈現一切。那次事件讓我負傷不輕，直到今天還沒有完全復原。每當在考慮使用字體時，我就想到比爾。想到他，我又好笑又好氣。如今在做簡報時，爲求達到他的最低標準，我得在字體的選用上費盡心血，要不是他，我哪需要這麼累！

學生團隊：各有長處，學習合作

我們也要求學生以團隊方式運作。我們的課程大部分以跨領域學生團隊的專案爲基礎，學生團隊由學生自行組建，我們一般不做任何干預。

這種做法也與主流做法不同，其他學術單位多半會指定團隊結構，爲團隊內的學生分派不一樣的職責。做老師的一般總認爲，應該賦予學生團隊成員特定任務；在我看來，這與我在小學三年級的經驗如出一轍。當時，老師爲我們訂了一個結構，認爲這個結構可以訓練我們，幫我們適應日後的眞實世界。但它事實上阻礙了我們的主動精神，讓我們學不到必要技巧、培養不出必要彈性，日後在面對特定情勢時找不出適當的因應結構。

與他人一起參與一個案子需要一套技巧，這與獨自一人工作所需不一樣。第六章討論過的對話需求與溝通技巧，都可以運用在團隊運作上。

此外，團隊還能增添一種多人共事的動能。大體而言，學生分組爲大約四個群體，這能讓他們在處理衝突時，出現各不相同的方式。有時出現三對一（或一對三！）的情況，有時出現的情況是四組學生兩個兩個搭檔、分成兩派，有時是兩組結成一派，另兩組各成一派，最糟還曾出現過四組學生分成四派的情況。讓人稱道的是，大多數團隊都能做得很好，衝突一般都能以功德圓滿的方式解決。我們還找來一位專業心理醫生加入教師陣營，我們稱他爲「d.shrink」（設計心理醫生）。他鼓吹開放式溝通，認爲這麼做能大幅提升團隊的工作成果。

有關如何配合不同人格、不同技巧類型以組建團隊的理論很多，[1]在研究各種人格類型之後，我學到一件最重要的事就是，要發自內心地接受一項事實：人與人之間存在基本差異。每個人之所以與他人不同，是因爲他們各有各的學術專精，各有各的學習與做事風格。每個人都應該知道，自己的方式未必是唯一正確的方式。能有這種體認，無論在職場上、在家庭中，對我們都有好處。

讀到這裡，你一定已經知道我愛開玩笑了，對吧？嗯……

法官開庭審案，在聽完原告陳述之後，法官說：「你說的沒錯。」

被告聽到這話，急著對法官說：「但是，庭上，實際情況是……。」

法官於是轉頭對被告說：「你說的沒錯。」

聽完這話以後，法庭旁觀席上有人忍不住叫道：「等一下，庭上，他們兩人的話不能都是對的。」

於是，法官答覆這人說：「你說的沒錯。」

這故事要說的是，看起來相互矛盾的事物，有可能「都是」正確的。大多數眞實世界的活動不是零和遊戲，只要願意找，我們可以找出讓每個人、特別是讓團隊往前邁進的辦法。出於尊重與關懷的爭議並非壞事，但爭議不能涉及人身，不能損害團隊相互支持與了解的意識，這一點很重要。

此外，團隊每一個成員都有完成任務的意願，這一點也很重要。一旦成員投入的程度參差不齊，而且各有各的目標，事情就會變糟。事情進展如果不順，一些團隊成員很容易自行其是。了解眞相是一件好事，但也要知道，眞相本身並不能決定你應該採取任何特定行動。如同我們在第一章所述，每一件事的意義都是你賦予的。所以，敞開心胸，協助團隊完成任務吧！

建設性批評，反饋意見讓你變得更好

我們在課堂上會採取一套批評系統，這是我在一次希尼提克斯公司（Synectics, Inc）的研討會中，從已故創辦人喬治・普林斯（George M. Prince）那裡學來的。[2] 這麼做的用意是支持批判，鼓勵學生們改進他們的作品。它的做法是：說兩個「我喜歡……」（I like...）的聲明，之後接一個「我希望……」（I wish...）的聲明。比方說，我或許會說：「我喜歡你這種重視安全問題的做法，我也喜歡它的外觀。」然後，小停幾秒鐘，接著說：「我希望我們可以想辦法讓它再小一點。」

這樣的反饋意見有兩點值得注意。首先，「我喜歡……」與「我希望……」兩句話之間沒有「但是」。兩句話只用幾秒鐘小停來當作區隔，僅此而已。其次是，說「我希望……」這個句子的用意，在於以一種正面的方式鼓勵進一步的改善。它請每一個聽到這句話的人——包括說話者本身——都設法提出一個解決之道。如果不這麼說，我可能會說：「這樣做不行，你把它弄得太大了。」「這樣做不行……」是一種封殺式的聲明，而「我希望……」說的則是「是的，而且……。」

這種學生作品批判系統，在我們的產品設計課行之多年，現在已經成爲 d.school 的一項特色，與學生的來往反饋都使用這種系統。理論上，這類評估是在每一堂課結束時，由教授團隊與任何想要參加的學生進行的。此外，每隔幾週，我們總會在上課時，進行一次整個教授團隊與全班學生集體參與的評估會。我們會根據這些評估，修改後續及未來的課程內容。

「我喜歡／我希望」系統的現行版本，對聲明的次序或數目並無限制。有時，一群人會先把所有的「我喜歡……」說了，然後再說所有的「我希望……。」有些人不採用「我希望……」背後的原始理念，於是提出一套修訂版：在使用「我希望……」的時候，說的只是他們想改變什麼，並不建議改善的方向。然後，他們用「如果……，會怎樣？」（What if...?）的形式，加入第三套東西。這第三套東西像「我希望……」的原始用法一樣，也有解決問題的功能。根據這種較新的版本，我們可能得到下列反饋：「我喜歡聚在一起開會」或「我希望我們聚在一起的時間能夠再長一些」，然後加上一句「如果我們在下課以後聚會，會怎樣？」

在對學生的作品進行評估時，我個人比較喜歡原始的「我喜歡／我希望」版本。在用來表示需要改善的領域時，使用「我希望……」這個版本很管用。它就像「或許，我們可以……？」（How might we...?）之類的問句一樣，也有一種正面的引導作用。想鼓舞他人，讓他人以一種積極解決問題的心態向前邁進，使用『我希望有辦法完成……』與「或許，我們可以完成……」都是很好的途徑。

無論使用哪一種版本，這種反饋機制都很有效。在 d.school 不斷追求改善教學方法的過程中，它都是我們彌足珍貴的利器。學生與教授團隊都喜歡它，它也爲我們的班級平添一種社群意識。在許多情勢中用它來進行建設性批判，都能讓你獲益。而且，它的用途絕不僅限於學生作品或學術界而已，把它運用在個人與專業生活上，都能爲你帶來很好的效果。

我們的教授團隊曾有一位資深成員，過去從不曾在 d.school 擔任教職，而且習慣歐洲那種正式的學術傳統。在他上的第一堂課行將結束時，一位史丹佛的教授向他解釋說，根據我們的習慣，現在是進行「我喜歡／我希望」反饋的時間了。一開始，他也同意加入，但在發現學生也參加這種反饋會之後，他有些遲疑。在他看來，學生竟敢對他說他們不喜歡如何如何，似乎是膽大妄為。不過，他還是抱著一種運動家精神度過了這一關。在參加過幾次這樣的反饋會以後，他開始變得非常熱中。有時，上課時間拖長了一點，教授團隊的其他教授都想要不開反饋會了，只有他堅持要按規矩開這個會。

要有雅量接受不同的文化與風格

這本書的初稿完成以後，我太太露絲的讀書會同意試讀。其中一位名叫瑪西雅的會員發給我一封電郵，向我申謝，還告訴我她喜歡這本書的內容，不過「輪到你了」的練習把她嚇到了，這讓我很驚訝。

「害羞的人怎麼辦？」她問道。

這話讓我聽得一震。它也勾起我深藏心底的一件可怕的回憶，或許還是我教書生涯中犯的最嚴重的一次錯誤。

當時，我在一個碩士班教設計機械裝置，那天我們在討論的，是一套叫做「四桿機制」（four-bar mechanism）的零組件。在那之前，我要學生在他們的環境中尋找機械裝置，並針對我們正在讀的課題，輪流走上講台，向全班發表和他們找到的機械裝置有關的分析。那天的課進展一直很好，直到有一位女生上來做分析時，沒有使用我們在班上慣用的那套詞彙。我指著她用的投影圖，圖上顯示一個操作飛機尾翼阻力板的四桿機制，我問她那叫什麼名字，她沒有回答。

我耐不住火氣，脫口而出：「這門課已經上到第五週了。我簡直不敢想像妳到現在，還認不出四桿機制是什麼。從上第一堂課起，我們就每週兩次討論這個問題，妳的心思都到哪裡去了？」

這個女生流著淚，一言不發地走出教室，再也沒有回頭。她來自中國，我讓她當著全班師生的面丟臉，對她是一大羞辱。我在發現自己做了些什麼以後，感到非常懊惱。一週接著一週過去了，我希望她能夠回來上課，但她沒有。直到今天，我還很後悔當時自己沒有主動找她，與她聯絡。

兩年以後，我在與雪莉．謝巴德（Sheri Sheppard）共同教授、爲輔導女性研究生而開的一門課中，又見到了她。雪莉當時是史丹佛機械工程系唯一一位女教授，我們用了這本書裡面提到的一些技巧，課程進行得很順利。不過，我也第一次注意到，這位女生實在非常害羞。我終於了解，當年要她走上講台，當著設計班全班師生發言，對她一定是個可怕至極的經驗。

在最後的反饋會上，這位女生對我說：「您在這個班比在上個班慈祥多了。」過去，我因爲不知道她這麼害羞，對她說了重話，一直內疚不已，現在聽到她這一句，讓我釋懷不少。

史丹佛大學有許多外國學生，有些學生的文化背景相當激進，這類學生一般而言可以輕鬆融入美國社會。但也有許多學生來自比較保守的國度，在他們的文化背景中，學生應該消極接受知識，教師應該幾乎像神一樣高高在上、讓人不敢親近。對這類學生以及那些天性害羞的美國學生而言，矽谷文化令人特別痛苦。要他們自我推銷、群體運作、向陌生人接近、尋求支援、在辦公時間與指導人員會面、當全班師生面前公開談話很難。

今天，由於前往異域他鄉工作、讀書與生活的人愈來愈多，世界各地都存在這類文化難題。你身邊如有來自另一文化，但或在你的國家出生、或與你說同樣語言的人，你要特別注意，絕對不要只因爲對方說你的語言說得很流利，就假定對方能夠輕鬆接受你的文化。與他人互動時，要留心來自不同文化背景人士的感受，要知道一些對你來說理所當然的事，可能讓他們苦不堪言。

不過，異數可能出現在光譜的兩端。我教過一位來自上海的博士班學生就很特別，那時中國經濟尚未起飛，大多數來自中國的學生，都由中國政府資助留美，縮衣節食、辛勤工作，騎自行車或走路上下學，把一切可以省的錢都存下來，買東西帶回家鄉。但這個年輕人與其他中國學生非常不一樣，他在來到我們學校以後不到幾個月就買了一輛車，之後我們每週的例會他就開始經常缺席，偶爾露面表現也無法讓我滿意。

我小小申誡了他幾次，但他的行爲仍然時好時壞。最後，我終於無法忍受，儘管一位在上海的老同事向我舉薦過他，我仍然決定放棄這個門生。我告訴他，我不想與他繼續共事，他應該另外找一位指導教授。讓我吃驚的是，他居然回答，用這種方式將他除名對他不公平。我問他，依他看，怎麼樣才算公平？他提出一種類似汽車監理局使用的那種積點系統：每一件犯行都爲你帶來特定點數，一旦點數積多、超過一定標準，你的駕照就會被沒收。

他這個建議有趣得讓我無法拒絕，於是我們達成協議，定了一個積點系統。讓我稱奇的是，他在達成這項協議之後立即大舉振作，一直沒有出現「駕照」可能遭到吊銷的局面。他以合理的時間完成了一篇不錯的博士論文，畢業後他在東岸找到一份工作，結婚生子，沒有再回中國大陸。

另一方面，我發現自己在國外訪問時，也經常成爲這種文化異類。在國外，想展現一點加州式互動教學風格，沒有勇氣還眞是辦不到。有一次，我在印度孟買附近一所區域性大學，面對擠滿了一整間教室的學生，我花了約四十分鐘時間努力破冰，好不容易讓學生也開了口，師生間終於有了還不錯的互動。這時，該校教務長走進教室，在做了幾分鐘觀察以後，他決定出手「幫」我。他大聲宣布：「同學們注意，不可以在教授講課講到一半的時候打岔。」

我記得自己當時狠狠盯著那位教務長，恨不得能用目光將他做了！

在任何群體環境中，你都必須了解，或因文化差異，或只因爲風格不同，並非每一個人的想法都與你一樣。了解這一點很重要，想辦法了解彼此在溝通上的偏好，相互學習。

你上次……是在什麼時候？

我經常碰到一件事：學生在缺課以後，常來找我要隨堂講義。但我的講課多屬於隨興風格，所以也沒辦法給他們什麼隨堂講義。碰到這種情況，我會向學生提出一個依我來看似乎非常合理的建議：要這些學生找班上同學借筆記，複製一份，看完以後如有不清楚的地方，再來找我討論。但結果經常是，學生不認識班上其他同學，也不知道應該找誰借筆記。這些同在一個班上的學生，就像夜間走在海上的船隻一樣，彼此之間的相識僅止於知道對方在哪裡、避免相撞而已。

我很想協助學生打破這層不通音訊的藩籬，再加上其他一些因素，所以我決定開創幾門讓學生彼此互動的課程。我還因此設計了一項練習，能夠非常有效地讓人互通聲氣，進而破解同處一個環境卻互不相通的「夜間行船」現象。現在的人，能夠聚在一起好幾個小時，甚至枕靠枕睡在一起都可以互不溝通，搭乘飛機旅行就是一個典型例證。

我將全班學生兩個兩個一組，分成許多組，再讓每組成員彼此白我介紹，說明自己是什麼類型的人。這麼做，能讓學生得到說話與聽人說話的好經驗，是一種有效的群體破冰之道。之後，我要學生將他們從同組夥伴那裡聽到的話，向另外一個兩人組轉述。這麼做很能讓我們察覺，原來我們在聽人說話的時候這麼不用心，原來我們的記性這麼差。

做完這第一輪的介紹與轉述之後，還有一個讓學生與較大群體聯繫的好辦法，就是要學生每六到八人圍成一圈，輪流造同一個我指定的句子。這個句子一定以「我上次……」爲開端，每個人都造完句子以後，我換上一個新的要他們造，這次由不同的人率先。等到這一輪也完成以後，我再換一個新開端，由另一人率先造句。每一輪，我都會用一個不一樣的個人體驗，就這樣，學生造了一些如下的句了：

我上次笑是在……。

我上次哭是在……。

我上次睡不著覺是在……。

我上次做了一件好事是在……。

我上次發怒是在……。

我上次做了一件了不起的事是在……。

我上次做了一件蠢事是在……。

我上次有一回神祕體驗是在……。

我上次偷東西是在……。

我上次說謊是在……。

我上次想到自殺是在……。

我上次感受到愛是在……。

我發現，這套辦法在大學校園外的群體環境中同樣管用。這在幾個層面上，都是非常有效的練習。它讓人們找出一些有關彼此的點點滴滴，開始在群體中與他人聯繫。它同時也能讓人們見到，我們大家都有共同的經驗基礎，我們都會笑、都會哭，都會夜晚失眠，都會做讓我們引以爲傲、讓我們不引以爲傲、讓我們後悔與羞慚的事。這一切，原本就是人類經驗的一部分。

我們往往將一部分自我隱藏起來，因爲我們覺得其他人不會了解或不會贊同，我們也確信他們不會做類似的事。我的經驗是，來自全球各地的學生，都有類似的情緒經驗——畢竟，我們都是人。要學生彼此訴說故事、從而建立互信，並不是一件簡單的事。我在課堂位置的安排上，也用了一點心，刻意讓自己聽不到他們相互說了什麼。我這麼做意在強調，這是一種學生與學生共享的經驗。

結果永遠是，當你愈能夠自我表白，大家也就愈喜歡你。我們因爲害怕遭人排斥，而選擇將部分自我隱藏起來，但這麼做很矛盾，因爲導致排斥的是隱藏，不是表白。

輪到你了，與朋友分享經驗

把前述這個練習運用在你的私下談話中。下次當你和朋友在閒聊時，告訴朋友你認爲自己是什麼樣的人，請對方也談談自己。隨後對你的朋友說，你上次整晚睡不著覺是在什麼時候，然後要朋友也談談他上次什麼時候整晚睡不著覺。

接下來，你繼續跟你的朋友分享你上次開懷大笑、犯下可怕大錯……等，是在什麼時候？最後，注意你和這位朋友的關係，因爲共享這些瑣碎經驗而出現什麼變化。

名字的遊戲

有些人非常認同他們的名字，也有人痛恨他們的名字，還有許多人對他們的名字沒什麼特別感覺。我曾經要求學生從一到十，爲自己的名字打分數，結果從一到十分都有。

我曾經做過一次全班性的練習，要學生們都閉上眼睛，想一個最能說明他們自己的名字，如果他們覺得自己現有的名字已經很好，就想一個同樣很好的名字。之後，我要他們用新名字帶給他們的新表面形象彼此互動，這是一種讓你短暫體驗「改頭換臉」的有趣方法。

如果你不喜歡父母爲你取的名字，你可以相對輕鬆地改變這件事，或是透過法律途徑更名，或是選一個與正式文件上不一樣的名字與人交往。

有些人故意扭曲自己姓名的發音，以隱藏或模糊他們的族裔，還有人堅持在稱呼自己的姓名時，使用正宗族裔發音，讓跟他們不同族裔的人唸得舌頭打結。在美國演藝圈，選一個比較沒有族裔色彩的名字很普遍，但這種事在一般職場上也屢見不鮮。有個名叫荷西．薩馬拉（José Zamora）的人說，他發了好幾百封履歷表求職，結果全部石沉大海，直到他把「José」去了一個字母，變成「Joe」（喬）以後，事情才有改觀。

這當然非常不公平，但反覆實驗的結果都證明，求職人士如果有拉丁人的名字，或名字「聽起來像黑人」，例如「拉姬莎．華盛頓」（Lakisha Washington）或「賈莫．瓊斯」（Jamal Jones）等，那麼得到回覆、要求面試的機會，會比名字「聽起來像白人」的人，例如「艾蜜莉．威爾許」（Emily Walsh）或「布蘭登．貝克」（Brendan Baker），機會要少得多。

人與他們姓什麼叫什麼之間的關係很複雜，最好不要妄加猜度。不過，有一件事情很肯定：如果你叫了一個人的名字，與你不叫他們的名字相比，你把這層關係推到一個不同的層面。許多人誤以爲他們記不清名字，我的看法是，他們會有這種態度，是因爲他們欠缺意願與注意力。

有些團體不惜花費時間，要大家聚在一起，要每名成員大聲唸出自己的名字。這種做法一般不能讓人記住其他人的名字，它主要只是一種假象，並不能眞正解決記住姓名這個議題。許多團體使用名牌，以規避記不住或不知道姓名的議題；有了名牌以後，就可以輕輕鬆鬆，假裝大家都知道彼此的名字了。

如果眞想處理如何讓群體成員記住彼此姓名的問題，有許多可行之道。一個辦法就是將群體兩人一組、分成許多小組，從兩人的互動做起。這個方法有個竅門，就是讓兩個人共享一件令人難以忘懷的事。想做到這一點，有一條簡單的途徑，就是找出一件兩人共有、而且不尋常的事物，來當作一個「鉤子」。無論你想記住什麼事，包括人的姓名，若想記住就必須不斷反覆地一提再提。透過這個方法，當你與你的夥伴和另外一個兩人組會合時，你們兩人應該一一向對方介紹彼此，並且把你們兩人共享的這個「鉤子」告訴這個新的兩人組。你可以繼續擴大你這一群人的規模，讓每一個人都重複其他每一個人的姓名，以及隨姓名而來的「鉤子」。

在面對三十人或不滿三十人的群體時，我比較喜歡直接處理整個群體，要大家都站著、圍成一個圈，每個人輪流報上自己的姓名。如果用的是壓力比較小的版本，圍成一圈的學生要齊聲重複他們剛才聽到的名字。在壓力比較大的版本中，每個人在輪到自己發言時，不但必須報出自己的姓名，還得說出之前報過的每一個人的名字。無論使用哪一個版本，這個練習都很可能愈做愈有趣，名字也變得更容易記憶。如果學生在自報姓名時，還搭配一項肢體動作，其他人在重複這個學生的姓名時，也必須重複這項動作，那麼由於動作比較好記，也會使得名字變得更好記。

發給每個人一張名單帶回家，能使這項學習方法更有效，如果可能，再配合照片使用就更好了。在同一群體再聚會時，我會把照片與姓名貼在教室，以便參考。

無論我們在聚會時做些什麼，我總會爲自己指定一項家庭作業：只要情況許可，就要盡快記住與會者的姓名。在一般情況下，我在第二次集會時就能辦到這一點。許多教師從來不記學生的姓名，我過去也是這樣——何必費神記住學生的姓名？現在我終於了解，過去我只是不肯下功夫去記而已。我原以為，既然這些記憶不能自動出現，一定是因為我沒有這個能力；但事實上，它和能力一點關係也沒有，它是不肯付出必要注意力以遂行意願的經典案例。想養成一種做不成事情的習慣，這麼做就對了。

有些人能運用各種特殊功夫注意他們要記的東西，從而展現驚人的記憶力。他們知道一件事：想記住一個東西，就必須對它付出特定的注意。「他們」之所以不同於「我們」，原因在於用心與否，不在於腦的結構。

另一方面，你可以協助其他人記住你的名字。當你向人做自我介紹時，若能加一個讓人容易記憶的鉤子，就能讓人更容易記住你的名字。就算名字很難唸或很難寫的人，若能在自我介紹時稍微加以解釋一下，對於幫助別人記憶自己的名字也很管用。而且，即使很簡單的姓名，往往也能造成混淆。舉例來說，我在自報姓名的時候，常有人把「Roth」聽成「Ross」，所以我在面對陌生人或在講電話報名時，總是把我的姓氏字母一一唸出。

記住人的姓名能夠改變人際關係。早在許多年以前，我就該從我太太的大學生物學老師那裡學得這個教訓。他在第一天上課以前，已經記住全班學生的名字。就像他教過的許多學生一樣，我太太當時也立刻愛上了他。直到五十九年後的今天，每當想起這位老師時，她仍然欽慕不已。

知道他人的名字，確實能夠建立連結，把關係推向更高一層。

誰來當老大？

一旦人聚在一起工作，就會出現領導的問題。誰來領導以及這個團體要怎麼領導的議題，可以說出來，也可以不說，可以正式，也可以不正式。有關領導與領導風格的文字書刊多得不勝枚舉，在美國長大的我，經過不斷洗腦，原本也一直相信每個組織都需要一個領導人高高在上的正式結構。

我在念小學三年級的時候，老師把我們全班集合在一起，要我們做的第一件事，就是選一個班長、一個副班長，還有一個祕書與一個財務。我的老師認爲這麼做能訓練我們，讓我們將來做個好公民。當時，似乎沒有人注意到這個結構就功能而言，一點意義也沒有。

在念小學六年級的時候，我們學校選了一個「自治小市長」。我朋友席穆爾當選紐約市布朗克斯區九十六號國小的自治小市長，因爲我幫他油印競選海報，所以當選後他任命我爲「警察局長」。這眞是很好的訓練，能幫助我們適應眞實的世界，因爲我仍然清楚記得當年怎麼運用警察局長的大權隱藏自己犯下的罪，例如遲到、逃學等。回想起來，這兩次經驗最主要的結果是，它讓我相信我們都需要在一種階級制度下工作，而不是我們都需要成爲對社會有貢獻、追求自我實現的公民。

我在史丹佛與同事、與學生團體共事的過程中，有關領導的經驗雖然多少有點另類，但頗値一書。在一開始，我是機械工程系的一員，這個系約有二十五位教授，分爲三個組，我屬於設計組。機械工程系系主任爲每一組選了一位組長，這是有效的做法，因爲這麼做以後，他不需要面對全部的二十五位教授，只需要應付三位教授就可以了。系裡面大多數教授也很滿意這種做法，因爲系的行政工作有其他人代勞，他們就可以專心投入自己的研究與教書工作。但隨著職涯進展，我開始注意到這種組織結構的缺失。

由於系主任控有調撥資源的大權，所以可以輕易地控制組長的行爲。如果碰上年輕的組長，他還可以操控他們日後的職涯升遷。每在艱難議題出現時，我感覺組長難免陷入個人利益與組內成員利益衝突的困境，更何況組長往往不能眞正代表組內其他成員。有一次，設計組組長請長假，在沒有與其他組員商量的情況下，他和系主任想找一個不適任的人代班，情勢於是爆發。

當時適逢一九七〇年代中期，大家都在重新思考社會秩序內的許多事物。那是一個學生動亂、社會抗議、對傳統社會結構與價值發難的時代。那時設計組有八位教授，我們全體一致決定重組結構，讓我們的組以一種沒有階級、不設組長的方式運作。系主任提出許多理由反對我們這個新結構，我也因爲不斷反駁，才徹底了解我們所建的這個新形式的無窮潛力。我們的構想很好，這個結構圓滿地運作了四十年，今天的設計組比過去成功得多。[3]

我們的新結構以每週一個小時的例會爲關鍵，這項會議對設計組所有教職員與行政人員開放，會議不設主席，大家只是隨意圍坐在桌邊，輪流提出任何需要組裡決定的議題，並且報告過去一週發生的事、宣布今後可能出現的事。我們以共識與協商爲運作基礎，幾乎從來沒有投票表決過任何事。尖酸苛薄在這裡幾乎不存在，有的是彼此互敬互助、爲同一目標獻身的精神。

在進行這項重組以前，我們幾乎從不會面，除了組長之外，沒有人知道組裡面發生了什麼事，大家對組內「公共事務」也幾乎不必負責。但在實施新體制以後，設計組出現了改頭換面的轉型，一切變得非常刺激，每個人都必須負責，大家也都想讓整個組變得更好。

當我們發起這項轉型時，系主任提出的一個主要反對理由是，如果不設組長，會沒有人在系主任面前代表組的利益，而且會使整個設計組變得無法管理。事實證明，正好相反。由於我們有一大群人，但只有一個聲音，我們變成系裡面最有力量的組織形式。

系主任或學院院長想從我們這個組收買任何一個人，根本門都沒有，因爲我們在任何一項議題上，都有八位教授撐腰。如果我們當中有一人碰到升遷、薪津，或其他任何需要支援的問題，我們可以出動八個人找上系主任或院長。這是一種強有力的新模式，可以視需要做各式各樣的變化，傳統單一負責人結構也屬於其中一種。如果有必要，我們可以指定一個人當「一日組長」，不過我們實際上從沒這麼做過。

我們決定採取分工、輪值的做法，一則提高效率，再則也讓其他人便於和我們打交道。我們中有一個人要負責財務，一個人要處理課程安排，另一人代表我們出席系主任與其他組長每週一次的例會，再有一人負責處理職工議題。而最讓我們膽戰心驚的工作，莫過於辦公室與教室空間的處理。爲了補償負責這件工作的人，我們決定給這個人一個高貴的頭銜：空間沙皇（Space Czar）。

所有工作都定期輪調，我們還會視需求創設新職位，每個人的意見都同等重要。對某項議題最關注的成員，負責領導我們這個組處理這項議題。至於沒有任何一個成員表示關心的議題，直到有人出面解決以前，我們不會採取行動。

這個新體制經過不斷地調整與變化，終於成爲一個強有力的獨特文化。特別值得一提的是，每當我們或爲擴充人手，或爲取代因退休、離職等原因而離開的組員而增添新人時，他們也總是能夠迅速適應，立即成爲這個獨特團體具有同等貢獻的一員。多年來，我們也對我們的小組會議做了一點調整。現在，每次開會都有一位學生代表參加，非教職行政人員也會派代表隔週出席。此外，我們還將會議時間延長一個小時，以便進行哲理性的討論。

在設計組工作四十年的經驗，讓我對這種扁平式組織的強大效益非常感佩。我也因此相信，世人將許多高級主管的角色過分誇張了。任何好事，只要出現在主管任期之內，一般都會在這些主管的功勞簿上記一筆。這往往意味，不是這些主管的功勞，也會成爲這些主管的功勞，階級架構的組織系統也因此看起來比實際更有效。我還記得，設計組曾有一位組長，在離開史丹佛、前往另一所大學擔任更高層行政職務時，在履歷表上寫了一段有關行政成就的記述，說設計組在他擔任組長期間，預算增加了三倍。然而，他並沒有提到，這筆增加的經費完全是設計組教授們獲得的研究補助金，無論就經費的籌集或花用而言，都與他沒有任何關係。但我並不怪他，因爲換作是我，也會這樣。

我也發現，組織裡帶頭的人稍有不慎，很容易就會造成瓶頸。如果是一個講究階級的系統，凡事必先向領導人報備，領導人若不在，就得將事情壓著等。領導人一旦犯錯，整個組織也被拖著走向覆亡。組織需要有一個人負責，是一個爭辯了好幾百年的構想。亞當・斯密（Adam Smith）早在《國富論》（*The Wealth of Naions*）中就曾強調這一點，甚至就連馬克思主義的創始人斐德烈・恩格斯（Friedrich Ergels）也同意他的說法，認為「一艘船總得要一位船長。」

我絕對不是海上行船的專家，也沒這膽子與兩位資本主義與共產主義大宗師爭論，但他們這項說法與我的經驗不符。我們發展出的這套全員參與的扁平化組織模式運作得非常好，而且完全吻合我的個性。這大半輩子職涯能在這個體制中度過，眞是我的福氣。

傳統階級體制仍然充斥於史丹佛其他角落，我可以向各位保證，我們發展的這套體制功效要好得多。我強烈鼓勵學界、產界與其他領域的讀者進行實驗，爲你本身的環境找一套適當的模式。只要能夠打破傳統智慧的束縛，你們很可能找出一種能夠提供大力支援、協助完成目標的管理結構。

鼓勵以合作替代競爭

不過，也許你不能選擇組織的領導方式。再談一件事，組織的職位與薪酬如有階級高低之分，你很可能會遭遇一些為求攀升、不惜相互踐踏的人。那些在辦公室裡說長道短、在背後捅人的人，那些利用他人的心機鬼或僞善者，都屬於這類人士。我鼓勵你避開這種文化。

我不能告訴你這樣的人攀不上高位，因爲他們攀得上，而且情況經常是這樣。但就算這麼做能讓你位居顯要，重要的是，你要自問，你能因此得到什麼樣的滿足？在追逐一輛更拉風跑車的過程中，請不要失了你的人格。

許多商界與學界組織以競爭爲手段，鼓勵成員全力發揮，讓成員彼此相爭，還舉辦了各種競賽，包括銷售比賽、設計比賽等。儘管我們的文化標榜贏家通吃式競技與其他零和遊戲，但我對這種文化頗不以爲然。這種文化對贏家雖然很有好處，但對其他每個人卻有很大的壞處：它打擊了士氣、讓人生嫉，損害人際關係。

要學習，無論身旁出現什麼狀況，做一件事就要盡力把事情做好。我發現，競賽只會勾出學生的劣根性，而學習合作與共享，卻能讓學生發揮他們至善的一面。

如果能讓學生處在一個「學習」的環境中，並且建立一個能夠強力互助的教授團隊當作角色典範，只要給予學生足夠的自主性，他們自然就會產生動機、全力以赴，而且不會出現競賽模式必然產生的那種失敗與挫折感。一般相信，競爭是很好的激勵工具，我承認競爭能讓人力爭上游，但它們不是唯一的工具。我們舉辦的那些經由合作——不是競爭——而完成的學生作品發表會，往往能激起學生的高度動機，並且吸引大批的參觀人潮。[4] 鼓勵合作的正面激勵效應，絕對不輸給競爭，而且好處是沒有競爭帶來的那些毀滅性的負面效應。

不要想如何競爭，要想如何包容。要設法幫助整個團隊取勝，而不是幫助一個人取勝。你應當盡可能去除腦海中職場競爭的想法，就算你終於能達到目的，競爭爲你帶來的是暗箭中傷、閒言閒語，以及大體屬於負面的感覺。或許你得到升遷，但你同時也失去友誼，或許還因此永遠時刻提心吊膽、擔心有人在背後捅你。

權力往往是造成這種競爭的主因。組織一旦有很多階層，例如你可能有一個老闆，還有一個老闆的老闆，或是你的一位同事比你有權，或者賺的錢比你多等。但這一切，都沒有意義。在人生旅途中，這一切其實無關緊要，你只需要讓你自己滿意，如此已足。至於其他同事有多好多好，不去在意也罷。

想去除權力鬥爭，有一個很好的方法，就是輪流給予主導權。比方說，如果我在自己的辦公室和一個同事開會，那麼這次由我主導會議。反之，如果會議是在同事的辦公室內舉行，那麼由她來負責主導會議。一起結伴同行，這種由誰當權的階級意識便逐漸消失了。

另外，只要有可能，盡可能去除一人獨坐辦公桌後的情勢，因爲辦公桌造成距離與權力不平衡感，可能使另外一人有「矮人一等」的感覺。與人會面時，要選擇較不會造成這種感覺的中性場地。

私人辦公室的反思

在史丹佛的工學院，每一位教授都有一間可以關上門獨處的房間，一般就叫做他的私人辦公室。我與我那間私人辦公室結緣四十三年，對它也很滿意。

我的辦公室裝滿了我蒐集的叢書、論文，以及許多技術文件。它裝了我全部的紙本檔案，我還把幾張很久以前往訪墨西哥恰帕斯（Chiapas）旅遊時拍的照片加框，做為裝飾。另外，我還擺了幾件過去在演講時使用的機械模型，一方面供訪客把玩，另一方面也提醒我一些過去的經驗。後來，我參與 d.school 的工作，跟這間私人辦公室的關係也改變了。

d.school 沒有私人辦公室，只有開放式辦公空間。它與我第一次當教師時，在紐約市立學院（City College of New York）與其他講師們共用的那個空間，以及我在哥倫比亞大學（Columbia University）與其他博士班學生共用的那個空間很類似。一位資深講座正教授的辦公室，豈能如此寒酸？但我發現，我花在 d.school 這個開放空間的時間愈來愈多，花在那間私人辦公室的時間則是愈來愈少。

這樣的安排，持續了四年多。之後，我的人生發生兩件大事：經過四次搬遷，

d.school 終於搬進永久性校址；我那間機械工程系設計部門私人辦公室所在的大樓被拆了，校方在 d.school 所在同一棟大樓的一排廂房中，闢了一間較小的新私人辦公室給我。我把自己蒐藏的書籍與研究文件，捐給加州大學戴維斯分校（University of California—Davis）的一間專門圖書館，然後把其餘的私人物品搬進這間新辦公室。不過，我幾乎不去這間新辦公室，後來就把它借給一些迫切需要辦公空間的人，然後把時間都花在 d.school 的開放辦公區。

在 d.school，同事與同事的工作空間之間，根本連辦公隔板也沒有。二十幾位教授就這樣共用一個毫無間隔、沒有阻礙的空間，整個工作區只擺了幾張桌子，還有許多像書架一樣的工作台，以及幾個活動檔案櫃與幾部桌上型電腦。這裡沒有誰應該坐在哪裡的階級高下之分，而且時間一到，每個人總是自動自發地改變工作站。

我們剛搬進這個永久校址時，聘了一位名叫金的女士，來擔任我們的財務長。她原本在院長辦公室工作了許多年，非常熟悉史丹佛的財務系統。上班兩週後，她對我說，這種開放式空間讓她很難工作。我立刻告訴她，我能夠解決這個問題。我們爲她買了一部新的桌上型電腦，讓她進入我那間私人辦公室辦公。我把辦公室的鑰匙交給她，並且向她保證，只有她一個人使用那間私人辦公室。

大約過了十天，我發現金回到我們那個大開放式辦公區，在她原先的那個工作桌工作。之後，她再也沒有回到我給她的那間私人辦公室。一旦嘗試過共生共濟的「戰友體驗」之後，她再也不想重返那個與外界隔離的專屬辦公空間；對她而言，那太孤立了。我了解她的感覺。我們後來把那部新電腦從私人辦公室搬出來，擺進我們的共用空間——不知道那部電腦會不會也因此鬆了一口氣？

在搬進開放式辦公空間以前，我的整個專業生涯一直在私人辦公室裡度過。現在我才體會到，d.school 因爲擁有這種開放空間，爲個人與群體關係帶來多少加分效果。這種開放式空間對資訊交流與相互溝通也有很多好處。來到這裡工作，讓我覺得像是回到自己家裡一樣。

當然，我們都有需要獨自一人思考或工作、希望不受打擾的時刻。當這種時刻出現時，有一個簡單的訊號：我們只需要戴上耳機，每個人就知道了，也暫時不會來叨擾。如果眞的需要安靜，我們大可走出那個開放空間，自己找一個地方。

若是你可以決定自己的工作空間，不妨嘗試將它開放，採用一種比較沒有階級意味的結構。給自己一點調適的時間，看看自己在一種協作的環境中，工作效率會不會變得比較好。

空間與肢體語言：靠近一點，提高參與度

實體位置非常重要，除非做的是一次大禮堂式的演說，我最喜歡的講課安排，是讓所有人圍坐成一圈。此外，我還堅持這個圈愈小、愈圓、愈好。人與人之間的實體位置拉得愈近，這個團體的運作也就愈好。我曾經針對各式各樣的團體進行過許多實驗，結果幾乎總是一樣：當圈子愈緊密，工作效率愈佳。這與設計思考的「根本合作法」（radical collaboration）的概念不謀而合，圓圈意味這裡沒有誰應該坐在哪個位置的階級觀念，也沒有「好位子」、「爛位子」，或哪一類型的人喜歡坐前排（愛拍馬屁的人）、哪一類型的人喜歡坐後排（愛插科打諢、偷懶閒散的人）之分。圓圈代表我們都望著彼此，它鼓勵眼神接觸，鼓勵人際溝通。

改變圓圈的直徑，就能明顯改變一群人的互動氛圍。如果要求每個人都要參與，就不能在實體上疏漏了任何一個人，每個人都要同處在一個層面上，如果有人坐得離圓周遠了一點，這個人在實體、在情緒上都會與這群人疏離。而那些坐得太靠近圓心的人，又會因為視線受到局限、看不見圈子裡的其他人，將其他人排在他們的小圈之外。

如果你覺得自己處於團體的周邊，注意到自己有遭到團體遺棄的感覺，你可以設

法移向一個比較中心的位置，你可能會發現自己的團體參與感增加了。改變你的位置，你對自己置身的那件事的感覺也會改變。如果你發現自己雖然很想投入、很想完成一項目標，卻始終事與願違，不妨檢查一下你的位置，看它對你的努力有加分或減分效果。如果你總是坐在最靠近出口的地方，想用工作表現來引起他人的注意很難。在上健身課的時候，如果你就站在教練的面前，你上課時可能也會比較認眞、賣力一點。

我經常讓進行同一專案的學生四、五個分成一組，圍坐在一張小桌前。如果有某個學生似乎沒有積極參與，座椅比其他學生的遠離桌子，我會過去輕推那張椅子向前，讓這個學生在實體上也成爲這個小群體不可分的一部分。這樣的小改變，往往能讓人大幅提升參與意願。要留意你的肢體動作，以及它對你說的話。如果你喜歡它對你說的話，請繼續做你正在做的；如果你不喜歡，可以試著改變身體位置，直到它對你說的話讓你喜歡爲止。

大型會議最能說明實體位置的重要性，它們一般都在會議室裡舉行，裡面擺了一張長方形大桌子，每個人圍坐在桌邊。如果桌子很長，你很難看清與你坐在同一邊的大多數與會人。如果與會人彼此看不大到，他們相互溝通的效益自然會打折扣。如果會議由一個人主持，或是公認一名與會人的身分比其他人重要，則你與這個人坐得近、坐得遠，也在不言中表現出你的身分與權威。

如果你想加強自己在會議中的聲音，盡可能坐在權威人士的附近，坐在你有意影響的人的對面。如果你想要躲開一個人，你可以坐在與這個人的同一邊，而且坐得愈遠愈好。要是會議室裡面擠滿了人，你可以坐在遠處的後排，這樣甚至想開溜也輕而易舉。如果你不想避開任何人，而且想開一次全員參與式的會議，捨棄長方形會議桌、改用圓圈圍坐式的安排，這能讓與會的每個人彼此面對面溝通，效果會好得多。你在會議中的實體位置，不但能影響你的效率，還能影響你的心態。

支援性的實體環境，對工作能夠產生巨大的加分效果，史丹佛設計學院的學生都很了解這一點。由史考特．多利（Scott Doorley）與史考特．威碩夫（Scott Witthoft）合著的《Make Space：如何建立創意合作的舞臺》（*Make Space*），就談到如何提供一種鼓勵創意學習的空間，讓學生「從做中學」。

d.school 的空間給人的觀感很耐人尋味，第一次見到它的人，會立刻覺得它是一種「創意空間」。學生們也是這麼想，就好像它在對他們說：「我們這裡的期待，與校園其他地方可不一樣喔！」

當我們在設計這個空間時，我們的團隊與史丹佛校舍翻修管理團隊之間常有爭議。我還記得，當時負責翻修的人向我們提過好幾次：「這樣的設計空間對你們或許很好，但如果你們走了，誰會願意使用？」事實證明，幾乎每個人都喜歡這種設計。

這樣試試看，觀察你有什麼感覺

教育界一般輕忽了空間位置與肢體語言的影響。大學教育大體上以教師與智識爲核心，主要關注的議題似乎只在學生是否看得到、聽得到老師講課，沒有人關心學生與學生之間的溝通。而且，學生的空間位置可能影響教育品質的議題，一直遭到忽視。

只要一個簡單的小實驗，就能說明身體位置的重要性。隨便選一個團體環境，靜默片刻，注意你的情緒狀態。之後，在同樣這個團體環境中，換一個新的位置，同樣靜默片刻，注意你的新情緒狀態。

無論多少人同時參與，這項實驗都能夠進行。它會讓你訝然發現，甚至只是小小換個位置，也能夠造成情緒狀態的不同。

輪到你了，必要時可以祭出這個殺手

下次開會時，如果一直談不出什麼結果，不妨讓你那組人重新調整座椅位置，圍成一個圈，看看會有什麼不同。在每次會議展開之前，讓每個人輪流說點什麼，是個很好的破冰方式，就算只是短短幾個字或一句話，什麼都可以。用這個方式來為會議收尾，效果也一樣好。如果與會人能圍坐成一個小圈，效果更佳。

我有一個關於身體位置的深刻學習經驗。當時，我在一個大禮堂講述「機器人學導論」（"Introduction to Robotics"）。大禮堂可以坐四百個人，但我這門課的學生只有大約九十個人。學生們坐在禮堂的各個角落，而且大多數選擇往後坐。在開課的最初幾週，我一再要求學生在下次上課時往前坐，但沒有人照辦。

我這門課每週要上三堂，每堂課五十分鐘。我發現，每次上課都把我累得精疲力盡。儘管我使用麥克風，但為了讓遍及禮堂各個角落的學生都能夠聽得見我的話，我幾乎聲嘶力竭。所以，我買了一捲黃色警示膠帶，就是那種上面有「小心，不得入內」黑字的黃色膠帶封條。我在上課前半小時來到禮堂，把整個後排空間用黃色膠帶全部圍了起來。等學生來了以後，自然都得往前坐。他們甚至還刻意選最前面幾排位子坐下來，因為誰願意坐在圍了黃色警示膠帶地區的附近？不知道會有什麼危險呢。

那次講完課時，我的精力比講課之前還要充沛。原本四處散坐的學生現在聚在一起，可以輕鬆地與我互動。他們非但沒有把我累得精疲力盡，還讓我振奮不已。他們與我一起，我可以向他們付出，也從他們那裡得到。我用這個方法圍了兩週，等學生都習慣新座位以後，就不再有必要封閉後排座椅了。

這已是多年前的往事，直到今天，每每想起那門課與那一班學生，我仍然有一種特別的情感。而且，我對自己能夠採取行動、控制情勢，沒有咬牙硬撐、度過那十週的水深火熱，仍然感到非常得意。

這件事爲我們帶來的教訓是，要設法控制你的環境。如果你主持一項會議，或如果你的目標是學習如何舉辦一場成功的說明會，你可以思考一下每個與會人的位置。如果你參加一項會議或是聽一個人演說，你覺得枯燥乏味、昏昏欲睡，那麼你可以換個位子，坐到前排去。要是這個場合讓你覺得膽怯，不妨往後排躲。如果你身旁那個人太聒噪，吵得你無法專心，或是你聽不見、看不到對方，也可以換個位子。要留心自己的感覺，用轉移位置的方式做做實驗。我們的身體在什麼位置很重要，它能影響我們的整個體驗，而且影響之大超越我們大多數人的想像。

身心連結

我太太露絲、兩個好友與我，搭乘一架單引擎小飛機，飛在加州帝王谷（Imperial Valley）上空。我們飛行的速度很慢，爲了打發漫漫旅途，我們就一起打牌。機長已經把飛行模式轉到自動駕駛，還把座椅轉向跟我們一起打牌。牌戲進行了大約四十分鐘，突然間我們聽見了一聲「咔啦」，接下來是一陣駭人的死寂。引擎熄火了！機長立刻調轉座椅，紙牌也頓時滿天亂飛。他打開另一個油箱的開關，引擎應聲再次點燃。他的應對不假思索，完全是反射式反應。他受過的訓練能讓他的身體這樣即時反應，他不需要停下來想。這一切令人印象無比深刻，我們也都很慶幸有這樣一位機長。不過，在之後的航程中，我們再也無心打牌了。

坊間有許多訓練活動，直接運用身心連結來刺激學習與創意。我們設計組早在很久以前，就已經有這類課程。一開始，大家多少將這類課程視爲新奇玩意兒。我還記得，當年有個走背運的講師，在一次熱身運動中扭傷了腳踝，結果惹來一大堆麻煩。校長辦公室的人認爲，他帶著工程設計班的學生在女子健身房做熱身操，怎麼講也講不通。所幸，這樣的日子早已成爲過去。

舞蹈與各種形式的體操運動，對群體工作與學習也很有價值。你或許曾在參加活動時，碰上主講人要求大家都站起來，用一分鐘的時間活動一下筋骨。暫停手邊的工作，伸個懶腰活動一下，也能顯著提升你適當參與、使用創意思考的能力。

人體需要動，人體也喜歡動，尤其是隨著音樂節拍律動。每當我們將活動帶進教室與研討會中，大家的反應總是一面倒的積極，就算有特定身體殘疾的參與人也不例外。

每年夏天，我們會在 d.school 開一個爲期一週的「設計思考入門」（“Introduction to

Design Thinking")密集班，我們每天會安排兩次半個小時的律動課，一次在上午、一次在下午，由專業的舞蹈老師主持。這兩堂律動課不需要任何特殊訓練，只要能在震耳的樂聲下，隨著節拍與四十個人一起擺動就可以了。每在這樣的律動課結束之後，師生們總是彷彿剛充完電一樣，摩拳擦掌，準備征服下一場挑戰。在一整天的過程中，律動課對研討會氣氛的影響顯而易見，與一群人只是坐著對談的研討會相比，它有著天壤之別。

根據我的經驗，大多數的人都能夠毫不費力地將這類體能活動，視爲他們學習與工作過程的一部分。甚至那些在一開始遲疑不前的人，也能夠很快地克服內心猶豫，參與這種有趣的活動。不過，這其中可是有個祕密：體能活動不只是有趣而已，它其實是提供心靈所需的很好方法，能讓你的身心合一。所以，只要有可能，就將額外的體能活動納入你的行程表吧。

多用你的身體感官和世界接觸

我太太露絲喜歡用她的一切感官了解身旁的環境，她隨時都在觸碰東西、在感覺、嗅、看、聽。就像孩子一樣，她經常因爲碰了不該碰的東西而惹上麻煩。我永遠忘不了，有一次我們在荷蘭阿姆斯特丹參觀國家博物館（Rijksmuseum）時，八名警衛從四面八方往我們衝來的那驚魂一幕，一切只因露絲伸手去「看」一幅掛在壁上的林布蘭（Rembrandt van Rijn）畫作而觸動警鈴。

相形之下，我的學習模式基本上只憑腦子進行。我在處理概念問題時，用腦子就夠了，不需要碰觸一樣東西才能知道那是什麼。我可以在腦海中想像事物，但露絲不能在腦海中將事物視覺化，她必須用手觸摸、用眼睛看清眞正的事物。我們在討論重新安排家具擺設時，我可以在腦海中「看」到改變後的景象，但是她不能。我們需要把家具移來移去，讓她看到新的擺法，而且要試過各式各樣可能的陳列擺法之後，她才能看得出怎麼擺最好——說到這點，她比我高明多了。

還有一次，我們要改建房子。我們在改建計劃中，列入足夠讓市府發出建築許可的細節。但事實上，這項改建計劃不過是位置標示圖而已，在正式動工之後，露絲要工人實景擺出各種不同的設計構想，眞正的設計才就此展開。那位建商的會計師，還對露絲這種做法讚不絕口！

露絲是個藝術家，是一位天生匠人。她喜歡做東西，有製作、修補東西的超人才賦，而且總是不斷地用她的感官來學習，是個眞正從做中學的人。史丹佛也有一些具有類似資質的學生，不幸的是，由於入學系統偏重其他類型的學習，這樣的人在史丹佛只是異類。好在創客文化近年來逐漸流行，每年投入更平衡新式學習法的學生人數總會增加百把上千，他們不僅用頭腦，也用整個身體來進行學習。這與設計思考的「發想」方法完全吻合，能讓你的大腦採用你一般不會採用的方式，從而體驗新的問題解決方法，使你敞開心胸，接受新的可能性。

盲人體驗

想了解人體視物與學習的能力，有個好方法，就是顛覆你的感官。「盲人行走」是一項很簡單的練習，不但有趣，還能讓人學到許多東西。它有許多種形式，而我最常採用的一種，是由兩個人結伴進行的。這項練習有一條主要的規定：在進行期間，兩個人不能交談。過程是這樣的：其中一人先佯裝盲目，可以閉上眼睛，也可以戴眼罩等，體驗盲人的感覺約三十分鐘或更長一段時間。時間到了以後，兩個人一言不發地交換角色，另一人也佯裝盲目同樣一段時間。之後，兩個人都張開眼，可以互相對話。由於這是一種團體活動，他們也要向整個團體全員報告做這項練習的心得。

這項練習的構想是：看得見的人要做「盲人」的嚮導，負責進行探究，以刺激「盲人」的其他感官體驗。這麼做，能夠幫助「盲人」用觸覺、聽覺、味覺與嗅覺，透過新途徑來探索環境。一旦事情變得有趣以後，身為嚮導的人要給「盲人」許多自由，但同時也必須負責「盲人」的安全，隨時注意他想要幹什麼，以及他的感知能力。比方說，他是不是以安全爲主、謹愼行動，還是他想要閉著眼睛跑一下步或是爬樹？

在大多數的情況下，嚮導不應該用牽手的方式引導「盲人」。可以透過聽覺，不必用手也能進行；嚮導很容易就能夠用腳步聲、打響指或敲東西的聲音來引導「盲人」。

這項練習能夠提高感知能力，開啓我們「看」世界的新途徑。我曾經閉上眼睛，體驗盲人活動一個週末。我的嚮導與我前往餐廳與超市，一起玩傳接球、一起坐車、一起搭飛機，甚至還一起騎自行車。比起我在短時間體驗「盲人行走」練習所得到的，那次我得到的見識不僅不同，而且深得多。

下次，當你覺得怎麼做都無法達到目標時，不妨嘗試體驗一下「盲人行走」，或者用另一種方式改變你的身體感知。這麼做，很可能幫你達到你想達到的目標。就算你仍然無法達到，至少你因爲用新的方式使用自己的身體，而學會以不同方式來「看」這個世界，因此擁有新的感知能力，獲得更豐富的感知體驗。

即興訓練，活動你的腦力

「即興演出」（improvisation/improv）是一種源起於劇院的藝術形式，近年來在史丹佛，它已經從戲劇系擴展延伸，進入校園內其他許多系所。我們進行的即興訓練，直接使用到肢體活動，能夠提高自發性、觀察力、溝通力與其他重要技巧。不僅如此，許多常見的即興訓練熱身活動，還與解決問題技巧極為類似，因此成為絕佳的教學工具。其中，有一項我很喜歡的工具，叫做「文字─球」（Word-Ball）。

第一次玩「文字─球」，最好先讓一組人不說「文字」，只玩拋接「球」。首先，六到十二個人一組，圍成一個圓圈，開始練習丟一顆假想的球。由一個人開始把球丟給另一人，接到這顆假想球的人，要立刻把它再丟給另一個人。

這麼做的目的，是讓這顆假想球不斷地移動，學習就從這個移動過程中展開。有的人會因為不夠專注，所以沒有發現假想球丟過來了，或是漏接。一旦出現這種情形，其他人立刻做出一些小丑動作，加以取笑一番。這或許滑稽，但主要能夠暫停行動，讓假想球的移動速度慢下來。這種熱身練習與腦力激盪、開會與談話等許多團體活動形式非常近似。

一旦大家都知道丟假想球是怎麼一回事以後，「文字」就可以上場了。現在，玩的人除了丟假想球之外，還要丟一個字給另外一個人，接到的人必須重複他聽到的那個字，然後不多想就直接丟出另外一個字。這個遊戲的目標，是讓文字（與那顆假想球）盡可能在一群人之間快速流動。

這個遊戲考驗一個人能不能全神貫注地接傳文字，玩的人必須學習信任本身的自發性，而且保持專注投入。除了丟假想球可能出現的不接或漏接障礙以外，再加上立刻想一個字的困難，會讓很多人不相信自己即時反應的能力。

如果你身在遊戲，心思卻飄到其他地方，你會無法眞正參與團體活動。而且，不只是「文字—球」這項練習，還有腦力激盪、開會與談話等其他團體活動，就算你參加了，也會做不好。

「文字—球」有許多種版本，你可以選擇「聲音—球」，丟假想球、接聲音，也可以選擇「主題—球」，丟、接與某一主題（例如「水」）有關的文字。此外，你還可以選擇「概念—球」，丟、接與某一主題有關的簡短概念（例如，如果以「水」爲主題，你可以說「保育」。）類似變化無窮無盡。我發現，無論用哪一種版本，只要謹守下列這些基本原則，就能夠帶來最佳的學習效果：讓假想球不斷地移動、全心投入遊戲、保持自發性（不要先在腦子裡準備一堆答案），以及要有團隊精神。

如果大家都玩上手，一切進展順利，你可以開始加上第二顆、甚至第三顆假想球，這也是一種經常出現的玩法。這麼做，能讓不只一個人同時丟、接球，增加整個練習的複雜度。此外，還有人用眞正的軟式棒球或將毛巾打結來代替假想球，不過我覺得這麼做比較不好玩。

即興訓練還有一套常用的答話規則，其中與這本書最有關係的兩個，分別是「是的（好），而且……」與「不行，……。」我們馬上就來看看！

輪到你了，找個人練習一下

兩人一組，由一個人先提出一項行動建議，另一個人必須回答：「是的（好），而且……」，不但要接受這項建議，還要在上面做延伸，把事情說得更動聽。先開口的那個人於是提出另外一項建議，第二個人隨聲附和，如此不斷繼續下去。這個練習能夠造成想法流暢的效果，帶來一種一搭一唱的樂趣，舉例來說：

第一人：我們明天來開個 party 吧。
第二人：好，而且我們要邀很多人。
第一人：我們來聽音樂吧。
第二人：好，而且還要跳舞。

「不行」是即興訓練常用的另一個詞彙，它會阻止行動，讓創意無法進行。這個練習是：兩人組中的夥伴對一切建議都說「不行」，並且提出一個反對的理由，或是提出一個與原本建議完全不搭的說法。這麼做能夠造成障礙，讓概念無法進行。這是一種降溫劑，能讓一群人內部出現反對、而非合作意識。舉例來說，用同一句話，會得到下列這樣的對談：

第一人：我們明天來開個 party 吧。
第二人：不行，我討厭 party。
第一人：那我們來聽音樂吧。
第二人：不行，我也不喜歡聽音樂。

這些規則顯然可以運用在一切問題解決與人類的互動過程中。「即興演出」的概念運用日益廣闊，早已跨出原本說故事的戲劇領域，進入許多人生範疇，值得你將它納入你的專業與個人生活中。

裸奔，令人耳目一新

「裸奔」？你知道它是怎麼一回事吧。就是有人一絲不掛，在公共場合中快跑以引人注意。它與我們這裡的主題有什麼關係？事實上，對我來說，它還眞有很大的關係。若非如此，我怎麼會在這裡談這個？不過，我談的「裸奔」，重點不在於赤身露體，而在於它是一種另類的顛覆手段，能爲一個運作中的團體快速充電。

時間回到一九七〇年代，當時我正在高級班長篇大論，講解機械振動。我已經講了三十分鐘，課堂氣氛乏味之至。突然間，教室門被打開，一個全裸男子衝了進來，在教室內跑了一圈，然後一言不發地跑了出去。

那間教室的活力指標，立刻從負十驟然升高到正八十——嗯……別問我這些數字的單位是什麼，也別問我是根據哪國標準來提出這些數據，我們且稱它是博納德指數吧。當全班學生都回過神來，我也恢復講課時，我訝然發現，整個班的氣氛煥然一新。我的授課變得充滿活力，學生的注意力也集中多了。更好的是，這項改變還持續了很久。之後四週，一直到學期結束，學生的表現都比之前六週改善許多。這名裸奔男子，大幅幫我提高了效益。

經過那次經驗，我了解「隨機打斷」對教學其實是一件好事，而且事情愈是稀奇古怪，效果也就愈好。爲了記念讓我第一次體會到這種經驗的那位裸奔男子，我稱這類隨機打斷爲「裸奔」。大多數人在授課或主持研討會時，不喜歡遭到干擾打岔。我學會歡迎、珍惜它們，視它們爲天上掉下來的禮物。

如果我發現群體中或課室裡一片暮氣沉沉，我會立即宣布休息。事實上，我經常要一群人站起來，伸伸懶腰，活動一下，或者稍事休閒。不過，這類活動儘管有幫助，還是比不上裸奔者突然衝進來所帶來的那種充電效益。

不幸的是，裸奔的情況並不多見，除非你拐個彎，自己找個人來裸奔，這就另當別論。所以，我充其量也只能運用這種「裸奔」的概念，讓自己坦然面對教室內的情況而已。

我不再對教室內的情況視而不見，也不再對自己、對班上學生隱瞞事實眞相。如果我覺得自己太乏味，我會立即停止講課；如果我覺得教室裡一片暮氣，我會向學生指出來，並設法採取一些行動。每當與他人共處時，無論是面對　班學生、在會議中，或只是與人一起工作，我比過去更注意現場展現的活力與注意力，這就是「裸奔」帶給我的禮物。

想要提升團隊的表現，你必須有彈性，必須包容。改變實體環境、做一些團體活動，可以讓團隊更團結、更有效地解決問題。就算你的團隊做的完全是「正經公事」，走到外面透透氣、玩一下，也只會改善工作氛圍，提高生產力。

SELF IMAGE BY DESIGN

8 設定自我形象，做個更棒的人

永遠有把握，卻時常犯錯。

——無名氏

史丹佛設計學院由於運用合作鼓勵人本位的創新，名氣頗爲響亮。我們總是問：我們爲誰解決問題，這些人要的是什麼？他們的需求又是什麼？我們的工作以人本位互動爲重心，把人排在第一位，因爲我們發現，無論做什麼專案，想成功就必須要有同理心，幾乎一切夢想的實現，靠的都是這種同理心的能力。一般而言，我們在思考同理心的時候，想的是如何認識陌生人或外界團體，以便進一步了解他們，協助他們滿足一些需求。不過，我們也可以把同理心的箭頭朝內，用它來進一步了解自己，以及我們的朋友、家人和同事。

你人生當中締造的成就，與你的自我形象有很大的關係。如果你認爲自己是個喜歡冒險、敢作敢爲的人，你多半是個不畏風險的行動派。如果你認爲自己行事膽小、謹慎，你的達標之路可能也比較蜿蜒、崎嶇。你甚至有可能不確定自己到底是個什麼樣的人，所以我們且先了解你的自我形象從哪裡來，是不是適合你的目標。

檢視你的角色典範

年輕時，我們從身邊的人身上學習。隨著我們逐漸成長，父母與兄弟姐妹對我們日後成爲什麼樣的人，影響自然很大。或許，我們非常幸運，能在一個溫暖、給予支持的環境中成長。也或許，我們沒那麼幸運，成長在一個艱苦、不斷面對各種威脅的環境中。無論我們在家人的接受與關愛中長大，還是在苛責與排斥中長大，想掙脫這類成長環境的印記，幾乎是不可能。長大後，我們可能變得跟家人非常類似，或者非常不一樣，無論哪種，家人都透過許多微妙的方式影響著我們。在一般的情況下，他們也是最先教我們將來要做什麼、應該怎麼做的人。

我的小兒子五歲時，有一次醫生問他：要吃抗生素藥丸，還是打一針？他的答覆是：「哪個便宜就選那一個。」顯然，他已經從父母那裡學到一種對金錢的態度。現在，他已經五十五歲，對如何花錢仍然抱持著同樣的態度。

我認爲我與我父親非常不一樣，我太太也認爲她與她母親非常不一樣，但儘管如此，我太太對我說過最狠的話，就是「你跟你爸一樣」，而我也會對她說「妳跟妳媽一樣」來回敬她。

儘管我們不樂意，我們兩人身上都有我們父母親的影子。就算我們顯然有一些父母親的特質，但由於我們不喜歡，我們會否認自己身上也有這些特質。另一方面，我們會將我們喜歡的父母親特質極力加在自己身上，認爲這是家學淵源，儘管事實上我們未必眞的具有這些特質。

輪到你了，從小到大，誰對你的影響最大？

檢視你的家人的觀點，以及它們對你成人以後的生活有什麼影響。

- 他們對金錢有什麼看法？
- 他們認爲適合你的人生道路是什麼？
- 他們對權威抱持著什麼樣的看法？
- 他們對辛勤工作抱持什麼樣的看法？對成績？對藍領與白領工作？對人生積極進取的態度？對工作與玩樂的態度？對嗜好？對事業與個人方面的冒險？對個人成就感的看法？
- 他們有哪些觀點爲你所贊同，哪些你不贊同？你是否曾經因應他們的觀點而打造自己的人生？他們的哪些觀點對你有幫助、有害，或是沒有什麼太大的影響？他們的哪些影響，你選擇拋棄會比較好？哪些影響能讓你學到東西？

自我形象的建構階段

我們在成長的過程中，會經歷幾個階段。走出家庭核心的第一項重大突破，一般是在我們開始上學的那一天出現。從那一天起，我們必須學習在沒有父母或其他家長、監護人的保護下，與陌生人打交道。我們必須學習面對挑戰、競爭、挫折，以及同儕的評判。有時，同學可能很不友善，我們可能必須面對實體暴力或嘲弄奚落。

就在這個環境中，我們第一次自我觀察，開始建立一種自我形象，反映我們心目中的自己，而不是父母家長心目中的我們。如果運氣好，我們會找到一位志同道合的人，他們通常與我們很類似，所以成爲我們最親密的友人。我們就連不願意告訴父母的話，也敢向他們傾訴，他們於是成爲我們了解自己的好途徑。有了這樣的好友，我們會開始放大膽子試探、擴大身周世界，在一種有支援的情勢下，探討屬於自我的各項新領域。

在青少年時期，這種對親密友誼的需求變得更多樣，於是我們的交友圈更形擴大。這使得我們進一步遠離父母，讓我們有機會在一個新而不確定的環境中發展，測試我們的自我形象。我們可能開始對諸如性與毒品這類新領域進行探索與實驗。處於這個階段的我們，必有重新詮釋自我的強大渴望，必在極強的同儕壓力下設法建立群體特性。如果身爲青少年的我們，找到一個志同道合的群體，我們對這個世界的歸屬感會加強。如果找不到，我們可能終身感受疏離與孤立之苦。所幸，大多數人都能通過青少年時期的種種折磨，有些人還能因爲這段經驗變得更堅強、更獨立、更懂得尋求資源。

我母親在我十二歲那年去逝，我父親患了嚴重的躁鬱症。基本上，我的青少年時期都靠自立度過。我在放學後、在暑假期間，做過各式各樣的工作，足跡遍及紐約市的各個角落。早在年齡夠大到有資格考取執照以前，我已經擁有汽車與摩托車，在校內校外闖下一大堆禍。我相信，如果當年像大多數同齡玩伴一樣，在父母的呵護之中成長，沒了這許多經驗的我，一定沒有這麼獨立，也沒這麼能幹。

除了因爲幼年失母而有的那種非常個人、終身揮之不去的失落感以外，過早獨立的另一個負面影響是：我獲得的重要指導，都來自那些街頭小民，而他們的建議未必都很明智，甚至正當。例如，我選擇就讀史岱文森中學（Stuyvesant High School），基本上是我朋友查理決定的。他是史岱文森中學的高年級生，也是美式足球校隊的隊員。我仍然記得，他給我的明智忠告：「你要念史岱文森，因爲你不夠聰明，進不了布朗克斯科學高中（Bronx Science）。」

我讓像查理那樣的人，替我決定自己能夠做什麼、不能做什麼。有時回想起來，眞想將當年的自己痛打一頓。如今，我比較聰明了，也能以同理心回顧早年的自我。我發現，我這一生在情緒上經歷太多，也發現，我還沒有想出自己是個什麼樣的人，以及我想要什麼。

不過，我寧願不以悔恨的心思考過去，畢竟每個人都有一些不是很引以爲傲的過去，我們不能任由過去像不散的陰魂一樣糾纏著我們，讓我們無法好好把握現在。人總是在經過長期思考以後，才能有所領悟，特別是在那段成長的歲月。在那段我們建立自我形象、用自己的眼光觀察他人的歲月，尤其如此。我們必須對自己仁厚一點。

在青少年時期結束以後，自我形象塑造過程的下一件大事，就是我們因愛而與人建立一種特殊關係，這種關係的最後結果往往是婚姻，或是與伴侶的同居關係，以及我們在實質上脫離較大的友人群體。[1]此外，這個時期一般也是一段個人的成長期，我們在這段期間學習、提升賺錢技巧。這時的我們，發展出一個更新的自我形象，將親密伴侶的影響與技巧訓練融入整合，建立出身爲自主成人的自我形象。

以我的情況爲例，在念完大三那年結婚時，我也確立了這種自我形象。隔年畢業以後，我開始當講師，一方面利用下午與晚間攻讀學位。最後，我拿到博士學位，成爲史丹佛大學的助理教授。

擺脫包袱，成爲一個自主的人

大專院校的教授一般都沒有受過教書訓練，他們受的是研究人員的訓練，所以他們授課的方法，只是模擬他們的老師當年教他們使用的那一套。仕往要經過多年歷練，他們才能找到屬於自己身爲教師的聲音。就若干程度而言，他們永遠無法完全擺脫他們過去那些教授的影響，就像一個人永遠無法完全擺脫父母或其他家長、監護人的影響一樣。

我在台灣主持了一次一整天的「創意教學」（"Creative Teaching"）研討會，會後一位年輕的助理教授開車送我回飯店。他在途中對我說：「您說的非常有趣，我從來沒想過我可以改變教書的方法。我一直沒發現我可以考慮重新設計自己的工作結構，可以像解決問題一樣，眞正處理如何教書這項議題。」他顯然情緒激動，因爲他看到一隻「黃眼睛的貓」。現在他了解，教書不能只鑽研一個特定題材，需要從一種更廣的個別省思切入；當教師的人，需要明白他們上每一堂課的意願何在，需要建立一個適合他們形象的風格。

不幸的是，許多人困在同一個陷阱中無法脫身。而且，不僅是學術界如此而已，我們深受教師與父母影響，窮盡一生之功模仿他們，結果往往只能做出一些二流的複製品。

家庭與我們所屬的其他社群團體，都有一種社會功能，就是限制我們的行爲。在一般情況下，這類社會束縛是一種有用的社會功能。但除非我們願意與它們對抗，願意在適當的時機，以一種有建設性的方式拋開它們，否則它們也能爲我們帶來巨大的負面影響。我們必須認清，我們有一個獨特的形象，有一段不同於我們的老師與父母的歷史，如此才能創造出一種新的合成體，既尊重老師與父母對我們的影響，同時也能眞正地表現出我們的自我。重要的是，在觀察我們的生活與工作時，不僅要從內容的觀點來看，還要從我們眞正的意願是什麼的問題進行探討。

你如何看待自己？

做一張清單，列出一切你想藉由工作完成的事。在列舉這些事以前，你可以先自問類似下列一連串的問題：

我的目的是什麼？

只是爲了度日嗎？

只是爲了做好一項特定任務嗎？

只是爲了好玩嗎？

只是爲了誇大我的自尊嗎？

只是爲了開心嗎？

只是爲了找靈感嗎？

只是爲了激勵自己嗎？

只是爲了逃避嗎？

一旦釐清你的基本意願何在後，接下來的議題就是如何完成。不過，你得先確定那些都是你眞正的意願，不是一些你已經能夠倒背如流的老生常談，也不是一些你用來取悅自我形象的堂皇說詞。在你確認自己的基本意願以後，你可以將如何實踐它們，視爲一種有創意的問題解決活動，這麼做能讓你掙脫慣例與模仿傳統而形成的束縛。

我們在與欽慕的人共處時，經常會模仿他們的特質。就是經由這種方式，我們向我們的父母、情人、朋友、老師與同事學樣。大體上，這是一種下意識的過程。有趣的是，我們也可以從這些人身上學到「不要」怎樣，但一般而言，這需要一些有意識的作爲。舉例來說，如果我成長在一個父母整天吵鬧、彼此仇視的家庭，我可以在心裡默記下來：不要在「自己」的家庭裡延續這種情況。不過，我必須提醒自己，要刻意防範，否則一旦與配偶發生爭執或不快，父母當年的行爲很容易就會在我身上出現。

我們腦海裡總有自己是誰、想做什麼的圖像，綜合而言，這些圖像就是我們的自我形象。我們對自我形象的詮釋，包括對自己的身體、情緒、行動與思考的詮釋，最後能夠幫我們界定自己是個什麼樣的人。我們的自我形象，可能很精準，也可能與事實偏差得離譜。

別人眼中的你有什麼不同？

以一、兩個形容詞爲限，寫五個短評，描述你自認爲是哪個類型的人。請五個朋友或家人每人也寫五個短評，描述他們對你的看法。然後，將他們寫下的二十五個短評，與你自己的五個短評做比較。看法一致的短評有多少？不一致的短評又有多少？這是你的重要參考資料，你可以根據它們來檢視你的自我形象評估是否精確。

無論我們的自我形象評估是否精確，它對我們是個什麼樣的人、會做什麼事，以及我們如何反應周遭世界等，都有很大的影響。其他人可以用它來操控我們，我們也可以用它來操控其他人。大體上，它可以是正面的，也可以是負面的，不過對大多數的人來說，它是正負兩面兼具。

我們的自我形象，經常爲我們會做與不會做什麼賦予框架，至少也會影響我們對已經做過與還沒做的事情的感覺。在理想世界，我們的做與不做，人體上以自我形象爲基礎；在眞實世界，事情則比較複雜一點。因爲在眞實世界，世人爲吻合自己的自我形象，會運用理性化，爲自己做或不做什麼找理由。

大多數的人並不具備完全實際的自我形象，哈佛大學商學院心理學者克利斯・艾吉里斯（Chris Argyris）研究人類四十年後，達成了這項結論：「人類行事總是前後不一，不知道自己以爲的行事方式與實際的行事方式之間……有矛盾。」[2] 想讓我們的行爲與自我形象吻合，就要對自己說明眞相，不能自我欺騙或爲自己的行爲找理由。

自我形象會隨著我們年事漸長而不斷地演化、改變。某些與生俱來的性向或因我們的環境而進一步強化；隨著成敗經驗不斷累積，我們也可能養成全新的性向。因此，只要主動改變自我形象，同時讓自身行爲切合這些自我形象，就能夠改變我們的行爲。完全成熟的人，其行爲能夠改變自我形象，其自我形象也能夠改變行爲，終其一生都是如此。

在史丹佛設計學院，我們希望讓學生透過一連串的體驗來改變自我形象，幫助他們自覺更有創意。我們說這麼做，是在提升他們的「創意信心」（creative confidence）。[3]

麥克．金森（Michael Jensen）與華納．艾哈德（Werner Erhard）等人，在領導訓練中使用一個類似的概念，稱爲「改變情境脈絡」。也有人稱這類改變爲「換框法」或「架構改組」，無論哪種名稱，最重要的還是我們所處的心理環境，它就像個隱形的仲裁官一樣，指示我們如何處理許多人生問題。接下來的練習，目的就在於協助你探討並擴展你的自我形象。

你擁有什麼？做了哪些事？你的存在是什麼？

有個方法可以觀察你的自我形象，就是做一張清單、列出你的特質。你照樣可以用前述提過的方法，來回答「我是誰？」這個問題，但爲了獲得對自己更深的認識，這次你觀察的重點，主要不是自我形象中「是誰」的部分，而是你擁有什麼、做了哪些事。

依照第一章最後的「靜心小練習」，每個問句應該至少五或十分鐘重複一次。如果你能夠找到一位搭檔練習，你們兩人可以輪流，一人不斷地重複問同一個問句，另外一人回答。當然，如果兩個人一起練習，問句需要改成「你是誰？」

- 就我擁有的一切而言，我是誰？
- 就我完成的事情而言，我是誰？

• 就我的存在而言，我是誰？

這項練習給你一個機會，讓你清除腦中的日常雜念，分別觀察你擁有什麼、做了哪些事，以及你是個什麼樣的人。它讓你有機會深入探討，了解你的人生現況與你的自我形象的對比，進而幫助你適時修正，確使你走的是你要走的路。

我們往往把自己是什麼人，與自己擁有什麼、達到的成就或職位混爲一談。把問題分成三個部分，這個做法可以讓我們的思路更加清晰。每次在做這項練習時，我總會發現這個問題比它乍看之下更精奧。舉例來說，我在回答「我擁有什麼」的問句時，我可以說：我有一個妻子、兩個兒子、一個教授職位、一棟房子、一群朋友、學生、幾輛自行車、一本剛寫完的書稿，還有幾百份研究文件等。我在回答「我做了什麼事」的問句時，我可以說：我爲人夫、爲人父、教書、做研究、做家務、社交應酬、指導後進、騎自行車、開車、寫作與出版。這兩張清單多少有點雷同。

不過，這些資料都不能顯示「我的存在」。眞的不能嗎？

這主要取決於我與這些事的關係。比方說，對某些人來說，教書是他們擁有的一項東西，教職是他們最引以爲傲的職業。有一次，我陪一位教授前往乾洗店取他的衣物，那名店員在招呼他時，先稱他爲「博士」，之後又稱他「教授」，我還記得當時我多麼吃驚。那是一家夫妻經營的小乾洗店，地點在紐約市法拉盛（Flushing），距離哥倫比亞大學足足有十英里遠，感覺就像相隔好幾光年一樣。這樣的稱謂在歐洲雖然很普遍，但在紐約市一處工人階級社區聽到有人這麼說，讓人頗有昏昏然、不知身在何處的感覺。我早就覺得，那位可憐的教授喜歡用職位來隱藏他的眞實自我，經過那次事件以後，我知道我想得沒錯。

對某些人來說，教書是一種工作，它是一份職務，就這麼簡單。對他們來說，教書就像其他任何工作一樣，上班、打卡、領薪水，純粹只是謀生手段。他們工作爲的是賺錢，用賺來的錢付房租、養家活口、支付有線電視的月費等。

不過，也有人生來就是老師，就算不做教書的工作，仍然可以爲人師表。這是他們的天職，是他們「身爲」他們、不可分割的一部分。我記得，美國文學大師亨利．米勒（Henry Miller）早期一本著作中說，米勒與他所有的朋友都知道他是一位作家，儘管當時他在當信差，尚未出版過任何東西。

所以，根據我的衡量，教書可以是我擁有的東西、我做的事，同時也是我存在的一部分。人生許多其他事物也是一樣，一件事物屬於前述問題的哪一部分，並沒有正確的答案，一切取決於你。不過，重要的是，你得分清楚其中差異，不要將你擁有什麼、做什麼事與你是什麼人混爲一談。了解這點以後，你更有可能建立眞實的自我形象。

有些人的自我形象，與他們的出身完全相合，我的好友布魯諾就是這樣一個人。像布魯諾這樣一生充滿冒險事跡的人並不多見，而他不可動搖的義大利大男人自我形象，也是造成他熱愛冒險的主要原因。許多年前，我們在奧地利東北部林茨（Linz）開會，我們幾個友人在用完晚餐以後，前往一家迪斯可舞廳消遣。當時，有幾名當地女郎坐在我們旁邊，布魯諾邀請其中一人跳舞，但她婉拒了。這讓布魯諾簡直不敢相信，他立刻大聲叫道：「但我是義大利人，我是那不勒斯來的！」

布魯諾並沒有就此放棄，他繼續邀她共舞。儘管他擁有自以爲的那種無懈可擊的身分，她卻始終不爲所動。不久，他改變了戰術，開始與她搭訕。我覺得沒趣，便沒有再注意他們後續的發展。當我們離開迪斯可舞廳時，布魯諾好像打了勝仗一樣，向我出示一張紙說：「她把電話號碼給我了。」可惜的是，第二天他在撥這個電話時，才訝然發現它是個空號。布魯諾確信一定是她寫錯了，但我們大家都知道事情的明顯眞相：她爲了擺脫他的糾纏，捏造了一個號碼搪塞他。但他無法想像天下竟有這種事。我敢說，她確實犯了一個錯，但她的錯並不是寫錯電話號碼，而是沒有寫下正確的電話號碼。因爲布魯諾說的沒錯，他眞的是一個很有趣的人！

想知道我們究竟是什麼人，還可以使用一種叫做「導引幻覺」（guided fantasy）、效果很好的支援工具。在使用這種支援工具時，我們要閉上眼睛，創造一種幻覺體驗，檢視例如一棵樹或一棟房子這類代理實體。我們要詳述在幻覺中看到的一切情景，最後假裝自己是這個實體，以第一人稱重複描述。透過這個方法，我們可以一窺通常爲自己藏匿，或是我們在意識上未曾察覺的自我形象。

輪到你了，假想你是一棟老屋

「導引幻覺」能夠協助你檢視自己究竟是個什麼樣的人。下列是我使用的腳本，你可以唸它，做成錄音，然後躺在地板或任何平坦的表面上，一面聽錄音，一面遵照指示行事。

請閉上眼睛，感受呼吸。留意空氣的溫度，留意你的胸隨呼吸而高低起伏。

請把你的意識，從胸部轉移到身體的右半邊。把意識擺在你的右臂。現在，把它順著右腿的前沿往下，移到右膝前沿。然後，把你的意識順著右小腿往下，移到右腳踝。再沿著右腳頂端，移到你的小腳趾。然後，把你的意識順著右腳腳趾移到大腳趾，再順著右腿內側往上，移到胯部，然後移回你的肚子。

接下來，把你的意識移到你的左臂。現在，把它順著左腿的前沿往下，移到左膝前沿。然後，把你的意識順著左小腿往下，移到左腳踝。再沿著左腳頂端，移到你的小腳趾。然後，把你的意識順著左腳腳趾移到大腳趾，再順著左腿內側往上，移到胯部，然後移回你的肚子。

下一步，請把你的意識順著胸部往上，移到下巴。要留意一進一出的呼吸，並且留意空氣的溫度。同時，留意你的胸隨呼吸而高低起伏。

然後，想像你要出門旅行。想像你站起身，前往機場。想像你登上一架飛機，準備做短程飛行。想像你下了飛機，走到車站搭公車。你坐了一小段的路，然後下了公車。現在，請你想像遠方有一棟房子，你走向那棟房子。在你走到以後，你先在房子的外面探勘，然後你入內探勘，仔細檢查房子內部的各項細節。

現在，暫停十分鐘。

好，我們回到練習。你準備離開這棟房子，展開回程之旅。

首先，你走回當初下公車的地方。請你想像搭公車的回程，公車載你回到機場。你登上飛機，回到你啓程的那座機場，然後你走回這個房間。

想像你又躺了下來，感覺到自己在吸氣、呼氣。你留意空氣的溫度，注意到你的胸部隨呼吸而高低起伏。你察覺室內的聲響。最後，你緩緩睜開眼睛，然後改採坐姿。

間隔幾分鐘之後，請詳細敘述你探勘的那棟房子。你可以自己一個人做這項練習，也可以和另一個人或另一群人一起做。

接下來，請你再敘述一次那棟房子，但這次不是爲自己而說，你要以那棟房子與它內部陳設的口吻說話。那棟房子與它的內部陳設，透過你，以第一人稱的方式來描述自己。所以，如果你之前敘述那棟房子時說：「那是一棟老房子，裡面零零亂亂堆著許多東西。」此時，你可以說：「我是棟老屋，有很多亂七八糟的東西。」你必須一直扮演這些沒有生命的東西，以第一人稱的口吻說話。

前述這段過程，往往能夠出現頗爲發人深省的事。當你在描述那棟房子與它內部的物件時，實際上描述的是你自己。事實上，你已經將自己的許多特質，投射到那棟房子與它裡面裝的東西身上。這是一種自我觀察的絕佳之道，但由於你做得非常間接，它對你沒有任何威脅，所以能夠讓你看到使用其他檢驗手段時未必能夠看到的眞實自我。

改變你的自我形象

另外有一項練習，教你運用意識，對你的問題與你的人生產生新的省思，它也能大幅改變你的心態。在做這項練習時，你要想一個你希望去除的人生議題。首先，你要自問，你是否眞的希望將它去除。你希望它從現在起，就從你的生命中消失嗎？這個問題比我們想像中更難回答。事實證明，我們喜歡抓著一些議題不放。我們用這些議題來證明我們的身分，並且透過它們與我們的友人交往。舉例來說，有些人就喜歡以犧牲者的身分示人，以博取同情。

假設你找到一件你眞正希望去除的東西，剩下的事好辦，你只須留神一切你認爲與這項議題有關的事物就可以了。大體而言，所謂「留神」（being mindful）就是察覺你在做些什麼，而不是像轉到自動駕駛一樣，只是渾渾噩噩地過日子。不過，想要做到留神，也不是那麼簡單。

眞正的留神是：只觀察，不加以評斷。它是置身現場，冷眼觀察事情的發展，冷眼觀察我們在做些什麼。它是一種「無論發生什麼事，我只要在現場於願足矣」的心態。要進入這種心態，不妨小停片刻，做幾口深呼吸，與你的內在經驗連線，然後開始觀察周遭世界。留神可以爲你帶來一些洞察與感知。

輪到你了：眞程序

我在一九七〇年代，參加了一項名爲「艾哈德研討訓練營」（Erhard Seminar Training, EST）、分兩個週末完成的研討會。在研討會的第二天，訓練營帶著學員做一項名爲「眞程序」（Truth Process）的練習。讓我吃驚的是，「眞程序」徹底去除了我在幾年前養成的一個愛演說的惱人惡習。我自然感動非常，於是將這個練習納入我的教學過程。結果成效斐然，這是一項很好的工具，能夠協助你去除自我形象中那些阻撓你、讓你無法成就事物的障礙。

經年累月，我的「眞程序」練習，也出現了許多改變。我在做這項練習時，不用文字稿，每年由我口述的練習過程，也會略有不同。我不認爲做這項練習，必須一絲不苟，按一定規矩行事。早在我第一次實驗「眞程序」很久以前，已經有人將同樣這些理念，運用在許多版本上。4

在做這項練習時，你要盡可能留神一切與某項特定議題相關的各種事物。最好你能夠找到一處安靜的地方躺下來，閉上眼睛。如果你在群體中做這項練習，應該會有一個人帶著你做。如果你一個人做，可以先錄下指示，讓錄音帶著你做。一旦你安頓妥當，先冥想片刻，讓自己放鬆。做這項練習有個竅門：你得先留神自己的呼吸，注意你呼吸的空氣的溫度，然後緩緩地把你的意識在身體各部位移動——前面段落那套「導引幻覺」的冥想辦法，在這裡也很管用。

在你放鬆以後，想一個你希望去除的議題。這項議題可以與你個人或專業生活上的一種關係有關，可以與你的某項獨特風格有關，也可以與讓你困擾不已的一項決定有關。它可以是任何一種在「個人層面」上爲你帶來衝擊的事物，但它不應該像是「世界和平」或「拯救地球」這類全球性的事物，除非這類事物正是你眞正在處理的問題，那又另當別論。

一旦有了一個你這輩子再也不想看見的議題，你就可以按照下一段所示的步驟逐步進行練習。在你進行的期間，無論任何時候，如果你感覺自己已經去除了你想去除的東西，就可以直接跳到練習的最後兩個步驟。

練習步驟

• 首先，請在心裡，創造一個代表這項議題的物體，也就是爲這項議題賦予一個具體化身。請想像這個化身就站在你面前、距離你只有幾英尺的地方。你閉著眼睛看著它，用下列這些問句來觀察這個化身的物理特性：它有多高？它有多寬？它有多深？它是什麼顏色？它的手感如何？體溫高不高？有沒有異味？它發出什麼樣的聲音？

- 現在，回想一下，這項議題上次在什麼時候出現在你的生命中？然後，再往前一次的回溯，盡可能不斷地回溯，直到再也想不起來爲止。
- 完成回想的步驟以後，請再次想像這項議題的化身，就站在距離你只有幾英尺的地方。請再說一次它的物理特性。在一般情況下，它的特性會略有改變。
- 現在回想一下，你認定的、對這項議題的一切看法，都是正確無誤。請記得：不要自己騙自己。
- 等你完成確認正確的步驟以後，請再一次想像這項議題的化身，就站在距離你只有幾英尺的地方。然後，再說一次它的物理特性。注意：在完成下列每一個步驟之後，都要重複這項物理特性的觀察。
- 接下來，你把你認爲可能正確的、有關這項議題的一切種種告訴自己。
- 然後，觀察你認爲可能不正確的、有關這項議題的一切種種。
- 請回想一下，當你在經歷這項議題時，發生在你身上的一切種種。
- 當這項議題出現時，你的身體採取的是什麼姿勢？
- 你有任何與這項議題結合在一起的實際反應嗎？
- 請回想一下，當你在經歷這項議題時，你感覺到的一切情緒狀態。請回想你眞實的經驗與感受，不是你以爲自己會有的經驗與感受。

- 然後，觀察所有你在面對這項議題時出現的感受。請記得：不要自己騙自己。
- 接下來，請觀察所有你對這項議題的評估與判斷。
- 請告訴你自己，如果讓這項議題一直留在你的人生中，可能會爲你帶來的一切種種。同樣地，不要自己騙自己。想像一下，如果一直守著這項議題不放，會讓你怎麼樣？
- 現在，假想這項議題讓你惱怒，然後假想這項議題讓你不惱怒。再一次，假想惱怒，然後不惱怒，如此反覆大約五次。然後，請你再假想，次，你正在因爲這項議題而惱怒，再假想你沒有因爲這項議題而惱怒。再一次地，請你假想正在惱怒，然後不惱怒，如此反覆大約五次。接下來，同樣假想它讓你惱怒，然後不惱怒，再假想你正在因爲這項議題而惱怒，然後不惱怒。
- 下一步，假想你站在白板的前面，這面白板架在有輪子的框架上。請在白板上，寫下一切讓這項議題一直留在你人生中的人事物。等你寫好以後，請再次假想這項議題的具體化身，就站在你面前、距離你只有幾英尺的地方，並且最後一次重複這個化身的物理特性。
- 請想像你再次站在白板的前面，手上還拿了一個板擦。請看一遍你列出的那張讓議題留在你人生的人事物的名單。然後，把所有不再能夠影響你的人事物擦掉。現在，請想像你把白板推向一座高崖的邊緣，高崖下是彷彿無底的深淵。

• 請再看這份名單最後一眼，擦掉你想擦掉的任何其他東西，然後把這面白板推落崖底。

• 最後，請想像你在一個風和日麗的日子，倘佯在海灘上，做一些你喜歡的事。等到你覺得可以了，請睜開眼睛，慢慢起身。

• 不要急，慢慢回味你在這次練習中經歷的一切。

學會迎接人生的變化球

我自幼就對威爾斯與愛爾蘭詩人與劇作家欽羨不已，迪蘭．湯瑪斯（Dylan Thomas）的詩〈不要溫柔地走入良夜〉（"Do Not Go Gentle into That Good Night"）每每令我心有戚戚焉；年輕時節的我，也常想像自己踢著、喊著走向墳墓的情景。不幸的是，在接觸太多死亡之後，再也不能靠我年輕的情緒引領度日。我發現，像生一樣，死也是獨特的經驗；如果我注意，每一件死亡都能帶給我一些智慧。

卡雷．狄里尤（Karel Deleeuw）之死，是一件轟動一時的謀殺案。卡雷是一位數學教授，也是我的好友，與我住在史丹佛校區的同一條街上，我們經常相互串門子。

露絲與我有一次外出旅行，在啓程前兩天晚上，卡雷與我閒來無事，翻閱柏克萊一份當地報紙，尋找一些怪裡怪氣的廣告。我們看到一則廣告，賣的是教人怎麼死後還魂的錄音帶，這支錄音帶還附贈一件 T 恤，它用的廣告詞讓人難以抗拒：「買這件 T 恤與錄音帶，誰想永遠死掉？」於是，我們出門去買那件 T 恤和錄音帶。

當露絲與我結束旅遊、回到舊金山機場時，我們訝然發現，卡雷的妻子西塔在機場接機。她身上穿著那件卡雷與我訂購的 T 恤，我開始開這件 T 恤的玩笑，但她打斷了我的話，告訴我卡雷已遭泰德．史崔萊斯基（Ted Streleski）重擊致死。史崔萊斯基在史丹佛數學系博士班讀了許多年，一直沒能畢業。

史崔萊斯基覺得，數學系對他一直不公平，所以他要把這件事情鬧大。儘管他的指導教授不久前才對他說，他可以把他的作品當作博士論文提交送審，畢業終於在望。但史崔萊斯基還是認爲，遲遲拿不到學位，已經毀了他的人生。許多數學家最傑出的作品，都在年輕時完成，現在他認爲自己已經太老，再也不能有偉大的成就了。

他誤以爲，榮譽與獎賞是人生最重要的大事，陷身在方向完全錯誤的成就觀裡，無法自拔。他自我洗腦，讓自己相信這就是人生的一切。也因爲這樣，他在意的主要是他的苦痛，而不是他的學位。他考慮過標準匡正管道，例如寫信給報紙、給史丹佛管理人員或史丹佛校友會，或是提出正式申訴。但他認爲這些手段都不夠強烈，最後他決定如果能夠殺害一個名人，然後受審，他就可以把這件事鬧得天下皆知。

他做了一張「打擊名單」，列了數學系幾位教授的名字，然後從他在舊金山的公寓搭乘公共交通工具，繞了一個奇大無比的圈前往史丹佛。在終於抵達史丹佛以後，他開始按照名單找人。他沒有找到列在最前面的幾個人，但在找卡雷時，卡雷正坐在辦公室裡，為暑期班學生的期末考評分。史崔萊斯基用隨身攜帶的一個錘子殺了卡雷。之後，他從容離去，沒有人察覺異樣。又隔了幾天，他向警方自首。

他打的算盤是，他不承認自己有罪，預計在媒體的矚目下出庭受審。他計劃在受審期間，要數學系教授以證人身分出庭，接受他的質問，以揭發他認為不公的做法。

就某種程度而言，他成功了！他聲名大噪，博士班學生身為政治次等公民般的命運，與他的案子也確有一些關連。但對我而言，這次事件是純粹邏輯軟弱的範例。史崔萊斯基想將他的案子盡量鬧大，就這一點而言，他使用的邏輯無懈可擊，只不過他忘了「你不可以殺人」的戒律。不幸的是，這類疏失在我們的社會各階層中過於普遍，史崔萊斯基不過是又一悲劇例子罷了。

我每天都上法庭。儘管史崔萊斯基在庭上承認自己蓄意預謀，用隨身攜帶的錘子殺了卡雷，卻不承認自己有罪。他的律師要他以精神失常為由辯稱無罪，但史崔里斯基不肯這麼做，因為他不願意自己被當成瘋子看待。他要讓媒體相信，這項謀殺案

「在邏輯與道德上都正確」，是揭發數學系虐待研究生黑幕的「一項政治聲明。」

史崔萊斯基很優秀，如果不是那麼死腦筋，認定別人都「虧欠」他，他原本可以擁有很美好的人生。他爲自己身爲數學天才的人生，定了一項完美的計劃，如果計劃做不到，他就要向他人「討公道」。當然，在這「討公道」的過程中，他也讓自己受苦受難。世上沒有值得你賠上性命、值得你殺人的學位、獎勵或舉薦。當然，大多數人不會殺人，這是一個極端例子。不過，它也告訴我們，過於拘泥人生旅途的過程可能很危險。人生會向你丟變化球，唯有能適應的人，才能在任何情勢中找到幸福。

不要溫柔地走入良夜

我好友羅夫．費斯德之死也很値得一提，因爲他沒有像一般預期的膝射反應那樣，爲了存活而不計一切。你若身爲傳統的「成就者」，就應該戰鬥、戰鬥，爲活命而戰鬥到底！不過，羅夫並不眞正在乎其他人怎麼想。他有什麼成就，由他自己說了算。經診斷得了胃癌以後，他發現每次看診的體驗都讓他非常不快，反之每次前往修禪，都讓他感覺安適地回到家中。

於是，他決心將他的身體視爲一件神聖的贈禮，不以生存爲藉口而毒害自己的身體。他明白表示，他不歡迎勸他接受標準化療或傳統放射線治療的訪客。他花時間靜默沉思，花時間與親友做正面性交談。他秉持一套人生在世的原則，至死不渝。

相形之下，另一位原本很難纏的同事，在住進療養院接受治療以後，整個人都變了。他不是那種我願意親近的人，但儘管我不喜歡與他爲伍，我們的關係仍然融洽。在他重病以後，我出於朋友義務，到他家中探視他。讓我吃驚的是他變了，變得隨和許多，後來我常去看他。

其他同事也開始定期造訪。我們都發現，現在的他，是個非常好的同伴。最後，在生命的最後一刻，他終於放棄裝腔作勢，與我們坦誠相見。說也可憐，直到臨死，他才覺得可以展現他眞實的自我。如果他能早有這樣的覺悟，他跟他周遭的人日子都會好過許多。

比爾・摩格理吉（Bill Moggridge）有很強的自我意識，非常獨立，與我走得很近。甚至，當我們騎著自行車沿山路疾衝而下，在幾處看不見下一段路面的死角超越汽車時，也沒有人能強迫他戴上自行車安全帽。當他自問：「你是個什麼樣的人？」那就是他的答案，他決定如何過他的日子，不讓任何人干預。

得了重病以後，他在這股內在力量的支持下，因應各種手術治療。換成其他大多數的人，處在他的情況下早已奄奄垂絕，但樂觀積極爲他帶來可觀的能力，讓他還能維持正常的工作與作息。

最後，當情況已經明顯，死神已然逼近時，他以坦然的心胸面對一切。在我走進他醫院病房的第一個早上，他就問我，是否曾有許多在病榻爲友人送終的經驗？我知道，他這話是在告訴我，可以坦然與他討論他的情勢。那眞是一項極爲慷慨的贈禮。

比爾住的是紐約一家不夠標準的醫療機構，必須面對各式各樣的虐待與疏忽惡例。我不敢相信，他面對這一切竟然能逆來順受。之後我察覺，這是他採取的自我保護手段。他「爲了能在這裡過下去，所以在這裡過下去。」或許他認爲，如果他不爲院方製造任何麻煩，院方大概也會盡能力所及，給予他最好的照顧。最後，他的住院情況糟到讓人看不下去，於是我們決定把他從紐約轉到舊金山一處療養院。

爲了這次搬遷，我們不得不在舊金山機場附近一家汽車旅館過夜。第二天早上，參與這次搬遷行動的我們五個人，得把比爾從旅館房間移進一輛守候著的房車。他已經不能走路，所以我們讓他坐在一張輪椅上，從旅館房間推到房車車門旁。由於他的塊頭很大，我們不知道該怎麼做，才能讓他妥當地坐上房車前座。

他的兩個兒子艾力克與艾利克斯，以及來自紐約的友人伊吉，還有很獲比爾信任的同事麥特與我，討論了各種移動他的方法。不幸的是，那是一個濃霧未消、寒風刺骨的初夏清晨。我們討論得太久，比爾終於忍無可忍。在那前一天，他幾乎沒說過一句話，偶爾開口也是有氣無力，讓人聽不清楚。但現在，他聲若洪鐘：「博納德，你給我閉嘴。伊吉，你給我閉嘴。艾力克，你給我閉嘴。艾力克斯，你也給我閉嘴。麥特，你來決定！」

那一刻眞是神奇，比爾又活過來了，他要向我們展現他的自我形象。直到走到人生盡頭，他始終是一位碰到問題就會想辦法解決、主宰情勢的人。帶有濃濃英國口音的比爾，活像迪蘭．湯瑪斯本人在世，告訴我們他「不要溫柔地走入良夜」，這是他給我們大家最好的禮物。

夜幕終至，把握時間

想像你只有十分鐘可活，你會做什麼？
想像你只有十天可活，你會做什麼？
想像你只有十個月可活，你會做什麼？
想像你只有十年可活，你會做什麼？
想像你已經來日無多，你會做什麼？

看看你對這些問題的答案，你有一大堆關於自己的資訊。在這個練習中，我們談的是你的結局。你想將你的自我形象設計做任何改變嗎？現在就開始設計與改變！我在前文中談到的這些友人，沒有一個人知道自己會在什麼時候進入人生的倒數計時階段。我不知道我的大限何時將至，你也不知道你的大限會在哪一天到來。但有一點可以確定，今天比昨天接近，明天又比今天更接近。所以，你若想做什麼樣的人，現在就開始做。

用第一人稱修正自我

寫故事的人很關心不同的「觀點」，他們把觀點分門別類，計有客觀的觀點、第三人稱的觀點、第一人稱的觀點、全知的觀點，以及一種有限度的全知觀點。

在客觀的觀點中，故事作者採取一種獨立觀察家的立場，只是直接透過對話與行動來敘述故事情節，絕不多說隻字片語。在第三人稱的觀點中，敘事人不參與故事行動，我們透過敘事人的弦外之音，了解故事人物。

在第一人稱的觀點中，敘事人參與故事行動，這時故事說法的可信度讓人起疑，因爲它可能不夠客觀。在全知的觀點中，故事作者知道一切有關人物與行動的大小事物；在比較有限的全知版本中，故事作者知道有限的人物與行動細節。

在眞實世界中，我們必須自己撰寫我們的故事。有些人或許因爲傲慢成性，以爲他們可以採用客觀或全知的觀點。少數人或許因爲遁世、厭世，於是採用第三人稱的觀點。還有人自以爲可以採用任何觀點，或許他們在短時間內可以辦到這一點。不過，我們大多數人只懂得運用第一人稱的觀點，而就像小說情節一樣，是否可靠的問題就出現了。

由於我們必須以第一人稱的觀點，寫下自己的人生故事，我們得先了解一點：我們必須爲自己、爲所有其他角色人物賦予意義。

自我形象的建構過程有許多影響要素，無論什麼時候，只要你認爲你的自我形象似乎不適合自己，你都可以加以再塑造、再設計。無論這項過程涉及實體事物（例如換個髮型或減肥），涉及個人性事物（例如戒除一項惡習或改善一項技巧），或是涉及直接改變你的身分文件（例如更名），你都必須了解，你的自我形象不一定要一成不變，這點非常重要。如果你認爲自己很懶、拼字經常拼錯、東西丟得亂七八糟、不專心、又自私自利，並不表示這些都是你的自我概念中不可分割的一部分。你可以現在就下定決心，用不同的方式看待自己，並且設法做到改頭換面。

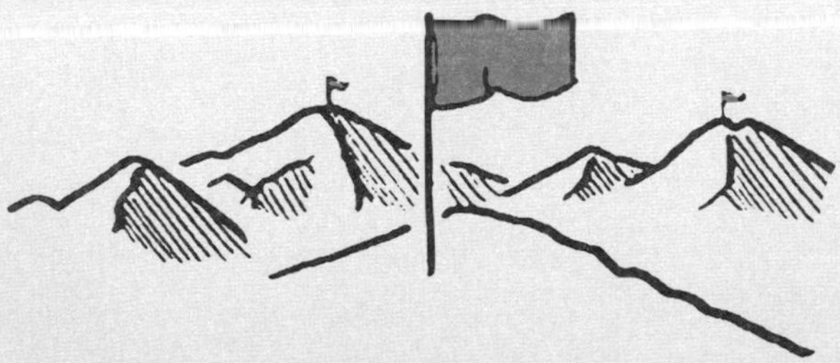

the BIG PICTURE

9 人生是一連串的冒險，把格局放大一點

在個人層級上，瘋狂並不多見，但在群體、黨派、國家與整個紀元的層面上，它是常規。

——尼采（Friedrich Nietzsche），德國哲學家、詩人

人生在每一個層面，都充滿複雜與不確定性。身爲個人的我們，面對一段不知長短的人生旅程，在這段旅程中，我們可能經歷一個又一個的家庭、事業或個人危機。我們身周的世界更加變幻莫測，每每看到似乎無解的事情，最後竟然也能完成，總是讓我嘖嘖稱奇。

爲人生訂定大致上的目標，是個非常好的主意，但不要過度拘泥於你預定的途徑，這點也同樣重要。爲一切可能性開啓你的大門，讓其他人加入，當新機會自我呈現時，要留神傾聽。

人生中的偶然

我的人生似乎滿布一連串無法預知的迂路，隨迂迴而至的，總是出人意外的轉折，從來沒有出現所謂有規劃、有理性的步驟程序這種事。也因此，當學生要我提供職涯建議時，總是讓我有不知從何說起之苦。

我當然盡力提出我最好的建言，但那是一種從現在到未來的理性、線性發展的推斷，我知道我說的這些話終成現實的機率微乎其微。有時，我會告訴學生：「人生像是一場冒險，所以敞開胸懷，不要想要按圖索驥，只要順著走就好了。」不過，這話似乎不能讓大多數的學生滿意，於是我扮演先知，鐵口直斷，說他們的人生即將出現轉折，不會按照他們的理性規劃一一而行。

我沒有時間、也沒這個膽子告訴學生，我怎麼會走上在史丹佛生活、教書的這條路。不過，我可以在這裡告訴你。

我太太與我都成長在紐約市布朗克斯公園（Bronx Park）附近的社區。儘管中學時代的我成天浪跡街頭，畢業後我還是擠進地方上一所學院，而且險些遭到開除。有一天院長來了一封信，說已經將我列入課業加強觀察名單，我再不努力就要被開除。這封信，敲醒了我。

他們怎麼可以把我開除！我知道自己不笨。

從那以後，我成爲全A的學生。我開始愛上學，我要繼續念下去，於是我上了研究所。在當研究生的同時，我開始在紐約市立學院當講師，教書扯動了我的心弦，我愛上教書。在即將從哥倫比亞大學博士班畢業時，我與我的指導教授討論我的未來。讓我喜不自勝的是，他建議我申請加入哥倫比亞大學任教。不過，他也對我說，由於當時哥大機械工程系出現一些反對內部管道人事任用的聲浪，爲了謹慎起見，我最好也向外校投遞申請。

他提到，康乃爾大學（Cornell University）正在物色一位年輕的助理教授。我當時想到幾年前曾在洛杉磯度過一個夏天，聽許多人說史丹佛大學附近的生活環境很好。於是，我問我的指導教授，有沒有在史丹佛大學任教的友人。他說有，他認識一位名叫阿諾的教授。之後，發生了一連串歪打正著，我也因爲這層層因緣巧合進入史丹佛，一晃五十餘年。

在國家科學基金會（National Science Foundation）的贊助下，國際機械學教師大會（International Conference for Teachers of Mechanisms）於一九六一年三月在耶魯大學舉行。大會主辦單位寄了一封邀請函給史丹佛大學的阿諾教授。

史丹佛大學機械工程系有兩個人都姓阿諾。約翰・阿諾（John E. Arnold）是機械工程與商學院的著名教授，也是機械工程系設計組的創辦人。還有一人名叫法蘭克．阿諾（Frank A. Arnold），是熱學組（Thermo-sciences Division）講師，專長是航空力學，不是機械學。大會邀請函誤交到法蘭克手中，而沒有交給約翰。儘管這是一項明顯的失誤，法蘭克還是應邀出席了大會，並且因此見到我的指導教授。

就這樣，當我的指導教授寫信給他這位認識的人推薦我的時候，其實他弄錯了對象。所幸這一次，法蘭克把這封信轉交給約翰。我的指導教授很有名氣，基於這個理由，約翰．阿諾邀我前往史丹佛面試。

就在那段時間，我接到哥倫比亞大學的聘書，聘我爲助理教授，於那年九月上任。我盼望能在哥大教書，在我的指導教授身邊工作，於是我接下這份工作。然而，有機會免費前往加州應試，也讓我感到心動。於是，在那年七月底，我太太與我找了一位保姆，照顧我們兩個年幼的兒子，還有與我們住在一起的我那位十二歲的妹妹，之後我們搭上一列開往加州的火車。

在史丹佛，約翰．阿諾給我的印象非常深刻。我發現，他原本一直是麻省理工學院的名教授，幾年前才轉到史丹佛。他創辦的設計組教授團隊，由三位初入教師職涯的年輕人組成，氣氛與我在哥大見慣了的大不相同。約翰在投入工程領域以前，曾經鑽研哲學，也因此對教育與工程別有見解。但最重要的是，他的眼神中有一種獨特的光芒，讓我嚮往和他一起工作。

經過半天面試與一次午餐會之後，機械工程系系主任告訴我，他們準備建議校方給我爲期三年的助理教授聘書，讓我十分欣喜。那天傍晚，我們開始猶豫了。我太太非常喜歡史丹佛這個地區，約翰．阿諾以及工作機會也似乎非常誘人；但我眞的很喜歡紐約市，也喜歡我的指導教授與哥倫比亞大學。更何況哥倫比亞大學秋季班在一個月內就要開課了，而且我也接受了哥大的聘書。我到底該怎麼做？

如果眞的選擇史丹佛，我要在一個月內，帶著一家人搬到加州，而且目前沒有地方可住。我是先付了一筆房租訂金，但也很清楚多半最後還是會白花了這筆錢，留在紐約。在折返紐約的長途火車上，我們夫妻倆爲了這個決定爭得面紅耳赤。

回到哥倫比亞大學以後，我的指導教授問我，面試情況如何？我告訴他，我已經有這份工作了。他毫不遲疑地對我說，他已經和同事們討論過這件事，他們聽說史丹佛正在大舉招兵買馬，他們相信史丹佛正走向一個新紀元，認爲我應該接受史丹佛的聘書，因爲這樣對我最好。此外，我也不用擔心在最後一刻向哥大毀約這件事，他們不會怪我。就這樣，突然間，與哥大的問題迎刃而解，剩下來要做的事只有一件，就是通知家人我們即將啓程，帶孩子們搬到三千英里外。沒錯，我那十二歲的妹妹在聽說要離開她那些女朋友後嚇壞了。

我在史丹佛一待就是幾十年，而且職涯生活一直讓我很滿意。但若不是發生一堆不大可能發生的事，我也不會來到史丹佛。我的一生有許多里程碑，但若不是意外與看來不可能出現的因緣巧合，這些里程碑也不可能出現。

我認識的人大多也有類似的非線性人生巧合際遇。你呢？你的人生是否也曾出現各式各樣始料未及的發展，讓你成爲人生偶然論的信徒？如果是，享受旅途風光吧！不要一味擔心該怎麼決定，終於浪擲了那一段橫跨兩岸的火車之旅。

當機會找上門時

有些人幾乎從來不需要做任何痛苦的決定；對他們來說，人生彷彿行雲流水，即使出現重大轉折，他們也只在事後回想才見其大。我就是這樣的人，能享有如此人生職涯，眞是幸何如之。現在回想這段漫長而充實的生涯，我發現自己當年如果沒有把握某些機會，我的人生會大不相同。當然，如果沒有把握那些機會，究竟會怎麼樣，我永遠也不可能知道。無論怎麼說，我沒有遺憾。

世上有兩種極端類型的人，一種人絕不放過碰上的每一個機會，一種人絕不把握碰上的每一個機會。我認爲自己介於兩者之間。

我發現，在碰上機會時必須留神自己的反應，這點非常重要。我們不可能事先知道機會會把我們帶往何方，有些機會讓我們迷途，有些機會讓我們闖下大禍。但當機會自我呈現時，我們別無選擇，必須有所反應——不理會機會本身也是一種反應。

幾次影響我一生的機會，都以突如其來一通電話的形式出現。第一通這樣的電話，出現在我在史丹佛任教的第二年。我接起辦公室的電話，電話那一頭要我稍候，特曼博士要跟我說話。我當然知道誰是特曼，佛雷德里克．特曼（Fredrick Terman），他是史丹佛大學的教務長，也是一位電氣工程師傳奇人物，惠普電腦創辦人比爾．惠利特（Bill Hewlett）與大衛．派卡德（David Packard）是他的門生。問題是，我從未見過特曼，他怎麼可能與一個年輕的助理教授打什麼交道？

特曼對我說，他打這通電話的目的，是希望我能在機械設計方面，為約翰．麥卡錫（John McCarthy）提供一些專業建議。麥卡錫是數學家，剛獲得一筆大型政府補助，負責建立史丹佛人工智慧實驗室（Stanford Artificial Intelligence Laboratory）。這筆補助的一部分，將用於機器人裝置研發。特曼聽說，約翰的專業過於傾向數學領域，未必能夠處理實際裝置的設計，我可以提供必要的工程技巧。

特曼的這通電話，讓我與史丹佛人工智慧實驗室結下不解之緣，我自此潛心機器人領域，機器人也因此成為我四十餘年創意工作中的重大部分。之後，我成為這個機器人新領域的創始人之一，約翰也成為我一位畢生的至友。他是人工智慧領域重要的創始人之一，是一位眞正的天才，有令人稱奇的追根究柢精神與開創的頭腦。我很快就發現，他比特曼想像中的務實得多。

約翰有一個非常有趣的信念：他相信他可以解決任何問題。在人工智慧實驗室草創初期，我隨他往訪休士頓，在一座大型摩天樓近頂樓一間漂亮的會議室會晤石油公司主管。約翰想說服他們出錢，資助研發一種機器人煤礦開採機器。事實上，我們從來沒做過任何類似研究，就連稍微扯上一點邊的研究也沒有做過，但約翰能夠根據他的想像，詳細敘述這部機器能夠做些什麼。

他還向在場的石油公司主管，播放我們學生製作的一段影片，說明如何用機器手臂堆砌一堵牆。這段影片的背景音樂，用的是史考特．喬普林（Scott Joplin）那首節奏輕快的爵士樂〈藝人〉（"The Entertainer"），這首鋼琴曲也是電影《刺激》（*The Sting*）的主題曲。在這部影片中，由保羅．紐曼（Paul Newman）與勞勃．瑞福（Robert Redford）飾演的兩個騙子耍詐，騙走黑幫頭子一大筆錢。我在一旁尷尬萬分地坐著，因爲我突然發現，我們這項出乎奇想的要求，與《刺激》的詐財情節非常近似，但約翰顯然並不知情。我們後來並沒有得到這筆錢，直到今天我仍然確信，那些石油公司主管一定看出這中間的諷刺，背地裡笑得人仰馬翻。

我還記得，在當初接獲特曼這通電話時，我的反應充其量只能算是中性而已。起初，我覺得這個機會對我而言是一項干擾，因爲它讓我無法全力投入我的主要研究工作。不過，我後來發現，我能夠運用自己獨特的看法支援約翰的工作，而機器人的研發，對我主攻的運動學領域也很有幫助。

另一通改變我一生的電話，是友人麥克・拉賓斯（Mike Rabins）打來的。麥克是德州農工大學（Texas A&M University）的教授，他想知道，我是否有興趣辦一個夏令創意研討會。我的立即反應是斷然一句「門都沒有」，但就在我打算掛電話的時候，我突然想到這對友人羅夫・費斯德可能是一個揚名晉升的好機會。就這樣，羅夫與我做了十年創意研討會的主辦人。

我基於一些從未成爲事實的理由，勉強接受了當初的機會（羅夫一直沒有申請晉升），但事實證明它對我的影響很大。教學法與以體驗爲本的學習，後來成爲我人生的一大部分，我還因此有了一個與全球各地同儕互動的新基礎。

這兩通電話爲我帶來的職涯巨變，都是我始料未及的事。我立即在電話中接受了這些人生變化，回想起來，我在接受之初，根本沒想到自己的人生會因此出現這麼大的變化。在一開始，這些事就像其他日常瑣事一樣，沒有惱人的決定，也沒有長程的人生規劃，不過是人生旅途中又一次的尋常轉折罷了。我並不指望改變，如果沒有這些改變，我或許也能過得很有成就感，覺得自己的日子很充實。好在事實證明，這些改變的結果，都讓我喜出望外。

回想當初接到這兩通電話時的情景，我發現我大可以簡單地說個「不」，推掉這兩項邀約，也因此錯失我專業生活中最讓我喜悅的兩大發展。人生布滿了叉路和機會，我們不可能預知應該走哪一條路、應該把握哪些機會。想到當年能夠把握這些機會，我真的覺得自己的運氣太好了。

能夠工作是一種福氣，因為它滿足了人性需求

有關自動化與機器取代人工的著述很多，一般而言，主張以機器取代人工的論點有兩大理由：首先，有些工作枯燥而危險，為工人著想，用機器代替工人做這類工作比較好；其次，工人成本高昂，而且工作品質不可靠，使用機器既能省錢，還能保證或提高品質。

這類理念基本上來自藍領階級工廠工作的背景。但隨著電腦革命，工作場所正出現天翻地覆的變化，大量受過高度訓練與教育的科技人員正為機器取而代之，而前述理念與出現在今天的這些巨變幾乎扯不上關係。也因此，要因應這種不斷升溫的自動化趨勢，必須先探討一個問題：工作的意義是什麼？

就若干方式而言，早在工業革命展開之初，就有幾位作家已經預見目前的這種情

勢。其中，寇特．馮內果（Kurt Vonnegut）在二次大戰剛結束時，寫的《自動鋼琴》（*Player Piano*）最能洞燭機先。馮內果在這本書中，描述在未來的美國，大多數人若不是失業，就是在與社會非常疏離的職位上工作。他們或者置身組織散漫的軍中，或者做著一些沒有意義的公共工程專案。[1]與這些平民百姓隔著一條河，也可能隔著一條小徑或公路，住著一小群受過教育的精英，負責主控經濟。在這樣的社會中，機器包辦大多數的工作，剩下來供平民大眾做的工作，無法帶給人滿足感。

哈利．布雷佛曼（Harry Braverman）在他的學術專著《勞動與壟斷資本》（*Labor and Monopoly Capital*）中，對科技發展方式爲人類社會造成的變化，有著更深一層的剖析。布雷佛曼指出，能夠自我表現的工作，才能夠滿足人類的需求。他在追蹤自動化趨勢之後，發現造成這種趨勢的始作俑者，是人類用機器降低工作與工人技術水準。根據布雷佛曼的說法，能夠提升人類技巧的，是所謂「支援生命」（life-supporting）的機器，而降低人類技巧、降低人類工作價値的，是所謂「毀滅生命」（life-destroying）的機器。[2]

我們需要爲機器的適當角色定義，或許最能代表這項需求的人，首推甘地。有人問甘地，是否反對機器，他答道：[3]

> 我既然知道，甚至連我這具身體，都是一部極度精巧的機器，又怎麼會反對

機器？轉輪是個機器，小牙籤也是個機器。我反對的，是對機器的瘋狂追求，不是機器。他們瘋狂追求所謂「節省勞力」的機器。大家瘋狂「節省勞力」，直到千千萬萬的人找不到工作，餓倒在街頭等死。我也要節省時間與勞力，但爲的不是一小群人，而是全體人類。我也要將財富集中，但不是集中在一小群人手裡，而是集中在全體人類手中。今天，機器只幫了一小群人，讓他們騎在百萬人背上作威作福。

舒馬赫（E. F. Schumacher）[4]從佛教徒觀點出發，進一步佐證了布雷佛曼與甘地提出的這些議題。舒馬赫在他的經典論文〈佛教徒經濟學〉（"Buddhist Economics"）中指出，人類有與其他人結合的基本需求，而工作能夠滿足這種需求。根據舒馬赫的說法，事實上，工作可以滿足幾種人類基本需求：[5]

1. 它給人一個利用與發展天賦能力的機會。
2. 它讓人與他人聯手，進行一項共同任務，使人克服他們的自我中心意識。
3. 它誘發人性之善，爲來世積公德。

基於這些理由，舒馬赫指出，工作不僅具有關於工作的一般性經濟意義而已，它還具有一種基本的人性功能：

> 若是把工作搞成一種讓工人覺得沒有意義、枯燥乏味、令人窒息，或讓人喪膽的事，這樣的作爲與犯罪沒有兩樣；它表示，你關心的主要是商品，而不是人；它表示，你沒有同情心，而且已經到達堪稱邪惡的地步；它表示，你貪戀這俗世生活最原始的物欲，貪戀到讓靈魂也毀滅的程度。工作與休閒是同一生活過程的互補兩面，將它們分割一定會毀了工作的喜悅與休閒的樂趣，這是人類存在最基本的眞理之一。同樣地，迴避工作、極力追求休閒享樂，也是對這種最基本眞理的全然誤解。

舒馬赫這段對佛家所謂「正當生活」概念的描述，將人性慈悲與美感發揮得淋漓盡致。但如果我對他說的這種意境如此嚮往，以我本身這個社會的現況而言，我又該如何自處？對我而言，這個問題的答案，來自一個奇怪的地方。我在勞倫斯・韋施勒（Lawrence Weschler）所著的《觀察即是忘卻對象的名字》（*Seeing Is Forgetting the Name of the Thing One Sees*）一書中，找到這個答案。這本書是對當代藝術家羅伯特・歐文（Robert Irwin）的生命與作品的檢視。[6]

歐文與衆不同、發人深省之處，在於他用來探討作品極限的實驗。在我心中，無論各行各業，任何人都可以以歐文的旅途爲典範。它告訴我們，掌控你的人生和你的工作。歐文沒有遵照他那一行的慣例，他在自己的好奇心驅使下，開創了一條探索、冒險之路，建立一種基於自我表現的生命力。

大多數的學生在讀完歐文的傳記之後，至少會發生兩件事。第一件、也是最重要的一件事是，他們察覺自己不需要遵照學校的指示、不需要像他們的同儕那樣，守著行業分寸辦事。其次，他們學會感知，對大多數的學生來說，這都是一種有用的觀察世界的新方式，也務實反映出這本書的書名：《觀察即是忘卻對象的名字》。

就算留在體制內的人，同樣也可以做有意義的選擇，一來得以奉行自己的原則，一來也讓他們有別於自己的同行。舉例來說，有些人——包括我自己——基於原則理由，不肯做有關軍事的工作。有些人只肯做有益社會的工作。比工作選項更有意義的，是一個人對工作的態度，以及他與工作的關係。許多人認爲，只有做高度技術性專業工作的人，才能擁有這種自由。我的經驗是，就算是看起來最不需要技術的工作，一樣能爲我們帶來這種選擇的自由。

過去，我爲了完成學業，做過各式各樣的工作。我曾經當過加油站服務生、鉚釘工、雜工、倉庫搬運工、登門推銷員、點貨員、送貨員、街頭小販、郵局辦事員、養雞場工人、工程師與教師。有了博士頭銜以後的我，比沒有這個頭銜的我，更有智慧、更有尊嚴嗎？無論我們做什麼工作、是什麼出身，我們必須決定如何看待我們自己與我們的世界。[7]當你尊重自己，對自己的前途充滿信心時，其他人通常也會這麼做。無論做什麼工作，由於爲周遭的人事物賦予意義的人是「我」，我們最後總能控制自己的體驗。

實現他人的期望？

走一條與家人或社會期望不同的路，可能是人生旅途中最難辦到的一件苦事。非常可能的狀況是，家人希望你在家庭企業中工作，或是繼承父母衣缽、做同樣的工作。這麼做，或許讓你快樂，或許讓你不快樂。

我在紐約市布朗克斯區成長時，我朋友馬克由於不肯專心課業，整天只曉得在街上鬼混，要不就是修車，遭到他父母親極大的壓力。他們逼他去看心理顧問，心理顧問爲他做了許多測驗，結果顯示，他對於動手做情有獨鍾。馬克後來搬到一處小鎭，開了一家印刷店，從此過著幸福的日子。

像馬克一樣，許多人也心知肚明，知道自己擅長什麼，知道自己生來喜歡些什麼。但像馬克一樣，我們周遭也總有許多用意良善的人，想替我們選擇一條最適合我們的發展道路。而他們選的，與我們自己選的途徑往往相互衝突。

我太太露絲在求學時代，她父母就堅持要她學一些比較有市場性的工作，例如當祕書或教書等，但露絲天生喜歡藝術，喜歡用創意方法來解決問題。她在父母的壓力下，做了錯誤的職業選項。直到多年以後，她才終於走回她喜歡的路。

不過，有時運氣好，有人保護你。安迪是我研究生時代的好友，在他的喪禮上，他的姪兒淚流滿面，發表了一篇感人的頌詞，表達對安迪的感恩。這位當時已是一位成功建築師的姪兒說，當年由於自己不肯加入家族企業，遭到父親逐出家門。所幸，他獲得安迪收養，還資助他攻讀建築，才終於有成。他感覺自己虧欠安迪甚多。

馬克、露絲與安迪的姪兒，都曾面對職涯選項的衝突。對大學生來說，這類議題非常普遍。就算沒有外界束縛，半途轉換跑道的事，也所在多有。有人一生還會多次轉換跑道，也有人大半輩子就在追求合適的職涯中度過，還有人根本就放棄工作。我在與學生談話時，經常向他們解釋：很多人其實不知道他們「長大以後」要做什麼，就算一些非常成功的人也不例外。這一切，都是人生冒險的一部分，面對這種情況，最聰明的辦法就是享受你的旅程。

我們的職涯受到的束縛，往往是自己加的。有人說，每個人都有極限，達到一定的高度以後，就不能再攀高了。我對這話不敢苟同。依我之見，應該這麼說比較合乎現實：我們往往只顧攀高，不願思考。許多職涯都有一種梯階，經過社會洗腦的人認爲他們應該順著它往上爬。但並非一切新獎賞、學位或升遷對個人都是好事。

世上有太多人，如果當初能守著自己眞正喜歡的工作，沒有因爲晉升誘惑而「另覓高枝」，人生會過得更充實、更滿足。有一位名叫黛安的婦女，做了許多年的護士，後來獲得晉升成爲護士長，之後又成爲部門主管。當了主管以後，她賺的錢比過去多得多，權力也比過去大得多，但她發現自己不再能守在病人身邊幫助病人，最後她辭職了。不能接近她關懷的病人，使她再也不能熱情地投入工作。現在，她改行當武術教練！

如果你有疑慮，請重拾第一章的那項靜心小練習，自問三個問題：「我是誰？」「我要什麼？」「我的人生宗旨何在？」

經常反覆做這個練習很有好處。現在，我希望你再做一次，並且加上一點新的內容：「我『眞正』要的是什麼？」如此不斷一遍又一遍地問，直到你覺得自己已經完全掌握自己的意願、不再受到社會觀點的左右爲止。

沒有什麼是理所當然

面對一個人，我們所能知道的最重要的事，就是他認爲理所當然的事。面對一個社會，我們所能知道的最重要的事，就是社會上的人只是一味照做、卻不去思考個中道理的事。[8]

——路易斯・沃斯（Lewis Wirth），美國社會學家

我們視爲理所當然、只是一味照做的事，是我們自我形象的基礎；我們也用它們爲標準，爲周遭事物下定義。唯能明白顯示這些背景性假設，我們才能確認它們或改變它們。這麼做，能夠帶給我們機會，讓我們從傀儡轉型爲眞正的自主個體。

有人透過純粹的執著與叛逆來達到自主，儘管這種做法有時也管用，但那不是一種走向改變的健康之道。一種比較理性的做法是，觀察一切你認爲顯然如此的事情。你可以列出一張清單，記下所有你在生活中一般不會注意的事情。這裡有個好方法，就是想想那些「太明顯或太瑣碎，不值得去記的事情。」舉例來說，你的清單上或許會有下列這些事項：

老婆對我說話，我通常沒有眞正在聽。

我從來不整理車庫。

我睡眠不夠。

我總是找不出時間打電話給那些親戚。

我向來只支持我父母支持的那個政黨。

我對金錢的態度跟我父親一樣。

之後幾天，請注意你的行爲，看它們是否像你在清單上列的一樣。如果做這些事讓你樂在其中，你可以繼續做下去。如果你想改變其中任何項目，你可以將它們從清單上劃掉，這裡說的不僅是實際動作，還包括象徵意義的「劃掉」。

我非常喜歡以「觀點」形式表現的問題陳述（見第三章），原因是這種「觀點」陳述往往能顯示基本假定，突顯自己屬意的目標。過去，許多人會根據一些不言而喻、未被注意的假定行事。現在有了「觀點」以後，明白指出的假定比過去多了。不幸的是，有無數的假定仍然隱身暗處，而且實際上還爲解決方案帶來不必要的偏見。

過去，有許多社會政治慣例，例如君主專制、只有男子才有參政權、財產由長子繼承、奴隸制、農奴制、禁止離婚、只有男子才有權離婚、只有擁有房地產的人才有權投票、童工、殖民化，以及所謂負責文明教化的「白人的負擔」（white man’s burden）等。在回顧這些慣例的過程中，我們不難發現，不加質疑的假定，顯然扮演了相當角色。在很長一段期間，這些慣例都曾被人視爲一種特定文化中固有的一部分，在沒有人注意、沒有人反對的情況下代代相傳，直到有人將它們攤在光天化日之下，對它們的合法性進行檢驗爲止。

我們的社會有一種愛比較的習性，下列這個故事就是很好的證明。話說，有個年輕男子走進一座小鎮，身上只裹著一塊白布，而且除了發出一些含糊的聲響，一句話也不說。小鎮的人認定這個可憐蟲一定是個瘋子，於是將他關進鎮上的瘋人院。一週後，又有二十個人走進這座小鎮，而且與之前那名男子一樣，全身上下也只有一塊白布遮羞，嘴裡也只是咕噥作響。鎮上的人於是將之前那名男子放了，因爲他顯然只是一個「教派成員」而已，不是個瘋子。

這個故事帶給我們一個最主要的訊息：如果你想做一件怪事，最好找一群人跟你一起做，免得別人把你當成瘋子。

我們的社會有許多大家接受的制度，但如果詳加剖析，不難發現若不是有這麼多人參與，它們其實沒什麼道理。想想看，假設這世上沒有大學，我在街上把你攔下，要你付一大筆錢給我，至少得付四年，我拿了你的錢，就會針對你從來沒有聽過、而我是專家的課題爲你講課。如果你能通過一關又一關的測試，在四年結束後，我就會發給你一張上面寫有你姓名的紙，我們權且稱它是「理學士」，你覺得這合理嗎？

我曾聽一位印度哲人談一個有關銀行歷史的故事。

一名男子閒坐在自家門廊前，望著眼前世界出神。突然間，眼前出現由四個字母組成的「b-a-n-k」幻影。這名男子於是拿起一支粉筆，在大門上寫下「bank」（銀行）四個字母。沒多久，就有人走到他的前面，給了他一些錢。這名男子很吃驚，也很迷惑，於是把錢放進一個大盒子裡。之後一整天，絡繹不絕有人上門給他錢，他也總是大惑不解地把錢放進那個大盒子裡。最後，天黑了，他回到屋裡，把自己藏在床鋪底下的錢也都拿出來，放進那個大盒子裡。

那位印度哲人講這個故事的目的，在於提醒他的門徒，要謹愼防範自我幻覺與冒牌先知。不過，這個故事也說明了一件事：一件事只要做的人夠多，就算原本看起來很瘋狂的事，也會成爲大家接受的慣例。著名的鬱金香熱、股票市場、達康熱，以及房市泡沫，不過是這類「人云亦云」式行爲的冰山一角而已。不幸的是，這種重新貼上標籤、將瘋狂正常化的傾向，不僅局限於金融情勢而已，它也是世上一些最大規模的政治與社會衝突的核心。

今天，世界上有許多民族與國家衝突不斷，衝突一方必會指出另一方對它的犯行，爲自己辯解。每一方的說法都言之完全成理，都證明各方的反應完全正當。但一件有趣卻往往爲人疏忽的事是，各方的反應究竟正不正當，取決於他們的故事從哪裡說起。我稱這類問題爲「標點符號」的問題，儘管衝突各方都不承認，但它非常重要。

歷史是一條不間斷的巨流，就一切實際目的而言——除了我們的個別人生以外——世事沒有開端，也沒有結尾。所以，一切從一個開端說起的事，其實都是在扭曲歷史事實。說這事的人以這一點爲開端，目的就在於爲自己的立場找理由。回教徒與印度教徒之間持續不斷的殺戮，起點不在於那個在印度次大陸分裂後、第一個向對方丟石頭的人。婚姻出狀況，起點不是你太太外出與她的前男友約會，也不是妳先生沒有打掃車庫。你決定從什麼地方起頭，開始說你的故事，也決定說到哪裡結尾，從而爲這個故事賦予意義。你可以用改變標點符號的方式，把英雄說成惡棍，反之亦然。

問題是，大多數人忙著睜眼看的，無非是充斥在我們身邊那些摻色添料的故事。如果我們只能看到這樣的東西，想要發現我們的作爲不像有理性、有自主能力的人，那就非常困難了。

就許多方式而言，我們的自我形象，與我們選擇的自我認同息息相關。我們往往因爲緊抱著幾樣東西不放，導致自己不僅失去自主能力，實質上還淪爲遭人操控的傀儡。這樣的東西，當然應該列在你那張「太明顯或太瑣碎，不值得去記的事情」名單上。如果你願意切斷綁在你身上那條操控你的線，但仍舊希望維持你的身分認同，不妨試著敞開胸懷，用不同的標點符號改寫你的衝突故事。

搞砸了沒關係，把眼光放長遠一點

每個人都有搞砸事情的經驗，有人災情比其他人慘重，差別不過如此而已。搞砸事情，是人生的必然經驗。

或許你會在履歷表上加一點油、添一點醋，但不幸被逮。或許你在背後說老闆壞話，結果老闆竟然就站在你旁邊。或許你會把其實是別人的功勞，攬在自己的身上。或許你遲到了，但偷偷溜進辦公室，假裝自己一直就坐在那裡。

重點是：尼克森（Richard Nixon）總統與柯林頓（Bill Clinton）總統都把事情搞砸了，但眞正讓他們摔得鼻青臉腫的，並不是起初的「罪狀」，而是他們之後撒的那些謊。如果兩人在東窗事發之初，就能夠立即認罪，風暴極可能很快成爲過去。但直到今天，我們都還記得那兩句：「我不是個騙子」與「我跟那個女人沒有性關係」的台詞。

謊言會像滾雪球一樣，愈滾愈大。你說了一個謊，可能得說另一個謊來爲第一個謊圓謊。當你覺得被逼到角落、難以脫身時，有一個很好的解方：說眞話。說眞話並不舒服，說了以後還可能讓你吃苦頭，但比起你用謊圓謊、把禍愈闖愈大，說眞話嚐到的苦頭幾乎一定輕得多。

當你把手伸進餅乾盒內被逮個正著時，不要說謊隱瞞，要老實交待。

有時，我們也會因爲過度拘泥細節，而忘了退後一步，觀察更大的遠景。如果你畢生行事保守，何不把握一次機會，將例行公事暫時拋諸腦後？改變一下周遭環境，接受友人邀約幹一件瘋狂的事，做一次越野旅行。了解一些不同的社區，看看自己能不能適應。請記住，眞正的「大遠景」是：生不帶來，死不帶去，既然如此，爲何還要故步自封，成爲守財奴？何不趁人生在世，盡可能體驗新鮮事。

MAKE ACHIEVEMENT *your habit*

10 把成功變成一種習慣

類型僵化可能導致藝術沉痾。

——肯尼斯・斯奈爾森（Kenneth Snelson），美國當代雕塑家、攝影家

我認為，人生基本上是一種解決問題的活動，你可以透過學習，使過程與成果都變得更好。我寫這本書的目的，在於為你提供工具與概念，讓你用它們獲得一個更充實、更有成果、更覺滿意的人生。

問題對我們有好處

「問題」這兩個字有負面意涵，它意味事情出了差錯，需要改正。不過，如果能將問題重組，變成改善人生事物的機會，那麼問題則具有正面意義。我們也可以將解決問題，視為一種基本的生命力。

有些智慧賢達之士，把一切問題都當成機會。你不需要等到有一天如夢初醒，才發現問題對人生的正面影響，你只要觀察自己的經驗就可以了。每次我碰到問題時，

總彷彿像在搏命一般，晚上睡不著覺，一早醒來，一頭又栽了進去。

俄國作家伊凡·岡查洛夫（Ivan Goncharov）在他十九世紀的經典小說中，創造了一位反英雄角色伊雅·伊利柯·奧洛莫夫（Ilya Ilyitch Oblomov），將一位非常富有、成天無所是事的人，描繪得活靈活現。奧洛莫夫沒有做決定的能力，也從未採取任何重大行動。他沒有眞正的問題，因此只是整天賴在床上，很少下床做任何活動。事實上，在這本小說的前一百五十頁，他都沒有下過床。這是一則杜撰的故事，岡查洛夫寫這本書的用意，在於挖苦當時那些慵懶貴族的生活。對我而言，它描述人生一旦沒了問題，會是什麼情景。它再次印證了我的體驗：就像令人滿意的工作一樣，問題能讓我們自然而然發展我們的生命力，也是一種福賜。

那麼，什麼是「問題」？

我用「問題」兩字，來描述我們有意改變的任何情勢。在一般情況下，問題以問句（例如「我如何找到一份工作？」），或以聲明（「我念不起大學」）的方式呈現。我們之所以要處理問題，通常是爲了使情勢出現一種有利的變化。

人生是一連串解決問題過程的組合，我們幾乎都是這方面的行家，透過不斷重複而學習，而且在極大程度上雖有這種本領而不自知。大多數的人每天必須穿戴整齊，前往必須前往的地點，完成一些諸如塡飽肚子等的基本工作。不僅如此，我們還得在環境、文化與經濟條件的限制下，完成這一切工作。

除了這些每天都得打的勝仗以外，我們也都會面對沮喪與失敗。我們都會在生活中面對解決不了的問題，碰上難纏的情勢，碰上找麻煩的人，還碰上惱人的個人與專業難題。一般而言，運用第三章所述的一些簡單技巧，就能夠輕鬆解決這些議題。我將這些技巧運用在我自己的人生，也將它們與全球各地許多團體共享。

如果你能夠重組你的問題，許多可能的選項就會浮現，解決之道往往也變得明顯。一旦能夠看清自己想完成的是什麼，你自然能夠找出各式各樣完成細節的方法。

動手做，不斷測試，最佳版本才會出現

所謂「原型」（prototype），就是為了顯示或測試一項概念而建造的樣本或模型，也就是一種可供學習的東西。將原型納入解決問題的過程，是解決問題的絕佳之道。

在解決問題過程的最初階段，最好能將原型視為簡單的風向球，你提出自己的構想或聲明，試探別人對它們的反應。原型未必一定要是一件實物，它可以以任何形式呈現，可能是對話、書面稿件、短片、短劇，也可能是社會或個人問題的具體化，或是真正的實體模型。無論何種形式，只要能夠釋放資訊，都可以是原型。此外，無論看起來或操作起來，原型都不需要和最後的解決方案近似，它不需要具備這兩種功

效。

在一種講究原型的文化中，凡事都必須經過反覆測試，解決問題之道總是充滿各式各樣的原型，包括爲取得資訊、爲確立方向、爲進一步修正理念、爲淘汰理念而建立的原型。想向他人顯示你的構想，以取得他人的反饋意見，製作原型是一個很好的方法。如果你製作的原型，成果是一件實物時，在一般情況下，這件實物最好不要太珍貴。有人用「mock-up」（粗模型）一詞，來描述最初階段不是很珍貴的原型；依我之見，在描繪初期理念時，不如用「crap-up」（爛模型）一詞還更恰當。

下次有人要你做一件事時，不要花太多時間思考，動手做就行了。「做」的方法就是，迅速將腦中閃過的第一個念頭製作成原型，就是我剛才說的那種「爛模型」。然後，思考你從這個原型中學到什麼。如果你的膽子夠大，把它用在別人身上，看別人有什麼想法。

在d.school與史丹佛的一些設計班上，製作原型是一種生活常態；對我們的鄰居、創意設計公司ＩＤＥＯ而言，情況也是如此。我在史丹佛與ＩＤＥＯ之間，見過數以千計的原型案例，大多數都非常有用，有些後來還成爲標竿。我的「轉型設計」班上，有一個由三名學生組成的團隊，他們想做一些事來改善史丹佛醫院急診室的病人體驗。他們特別想了解院方如何處理急診室待診區內的病人，於是做了一些安排，準備前往急診室觀察並訪問病人。不幸的是，就在預定前往訪問的前一天，院方以病人隱私議題爲由，拒絕了他們的訪問。

不過，這些學生並沒有就此放棄，他們想出一種運作方式類似急診室系統的原型。他們比照緊急醫療需求，製作了一個以尿急爲基礎的原型。他們邀請一群友人，要友人絕對不能在抵達前幾個小時小便。在友人抵達後，他們還提供飲料，但不准友人上洗手間。最後，禁令終於解除，但想上洗手間的人，必須坐在一個特定的等待區，等到叫到名字時才能夠使用洗手間。

不過，呼叫名字的順序，不是以抵達等待區的先後順序爲準，而是以友人喝了多少飲料爲準。根據學生們設計的這個原型，飲料喝得愈多的人，愈需要優先接受醫療；因此，飲料喝得最多的幾個人，可以最先享用洗手間。這個原型爲我們帶來一項重要知識：醫院應該爲病人提供更好的資訊，讓守候在急診室待診區的病人了解，爲什麼比他們晚到的病人，有時可以比他們更早獲得醫療服務。

像這樣的原型，能讓你超越「它像什麼樣子」的大腦思考階段，直接進入解決問題的實際領域。

在另一個案例中，設計師製作了一支影片，說明一個擬議中的兒童專用智慧手機應用程式如何運作。使用這個應用程式的兒童，可以在手機螢幕上點擊、滑動，讓畫面中的卡通人物動來動去。在做這項說明時，影片用的是一個人，而不是卡通人物。

這支影片顯示了手機應用程式的實際錄影畫面嗎？沒有！他們使用的原型，只是一塊裁得像手機螢幕的紙板，另一端站了一個眞的人，如此而已。使用者假裝用手在這塊模擬螢幕上碰觸畫面，那個人就隨著手勢移動。

運用這種方式，設計師不需要實際上創造動畫人物與控制程式，也可以測試並說明各種構想。芝麻街《艾摩的怪獸製造機》（*Elmo's Monster Maker*）應用程式就是這麼產生的，它是一款非常成功的兒童專用智慧手機應用程式。

在這兩個例證中，兩個原型代表基本構想，是最終解決辦法的幕後概念，它們屬於「概念原型」（conceptual prototype）的範疇，與「功能原型」（functional prototype）有別。功能原型的作用，在於測試解決辦法的實際功能，它可以是實物、素描、短片、對話或任何形式的嘗試，因此原型製作的基本原則，在於選用能讓你用最快方式學到最多東西的類型。

原型各有不同目的，視我們處於解決過程中的哪個位置而定。我們且把這個過程分爲三個階段：在第一階段中，我們運用原型來刺激靈感，協助產生好點子，這通常稱爲「概念原型」；在第二階段中，我們具體發展解決辦法，這通常稱爲「可行原型」（feasibility prototype）；在最後階段中，是證明解決方案眞的能像預期般有效運作，這通常稱爲「功能原型」。我在這個段落談的，主要是第一階段的原型。

隨著解決流程不斷地進展，最後的解決像貌逐漸呈現；當像貌愈來愈清晰，原型也就愈來愈像眞實事物的試演。

儘管我們在處理個人議題時，很少透過這類正式途徑進行思考，但有關原型的這些概念，可以運用在大多數的問題上。在處理每一項議題時，你需要藉由靈感找出一個解決構想，將解決方案的細節不斷地推演，然後證明解決方案確實有效。

在日常生活中，你或許會向人出示信件的草稿，或是針對你想做的一件事向人徵詢意見。其實，在你這麼做的時候，你也是在製作原型。當你面對一個遲遲無法進展的案子時，記住這點或許對你很有幫助。如果你的腦海裡一直有個劇本構想，或者你一直想要設計一件服裝，不要想怎麼做才能把事情一舉做好。許多人只是不斷地想著，卻始終沒有眞正著手，原因就在這裡。避免一開始就想把事情做得盡善盡美的念頭，你可以告訴自己，現在是在製作劇本或服裝的原型，最後版本是「以後」才會產生的成果。

集中注意力，可避免意外發生

就像人生旅途的許多方面，解決問題的過程，有時也會出現重大差錯。一旦事情出了差錯，我們往往喜歡逃避責任，而我們常用的一個逃避責任的方法，就是把差錯加上「意外」的標籤。

騎自行車是我的主要體能活動，我很幸運可以每天騎自行車上下班。我還有一群在週日一起騎自行車的車友，我們每年總會做幾次長途的自行車旅行。這已經是我行之三十幾年的慣例，在這三十幾年期間，我也見證了多次自行車的意外事件。不幸的是，其中一些事件也有我的份，回顧所有的事件，我發現它們幾乎都有一個基本原因：不專心；我或其他人在騎車時，沒有留神。

我兩次最嚴重的自行車意外事件，堪稱典型範例。在第一次事件中，我們一行人從史丹佛大學騎自行車到三十英里外的舊金山，我們的計劃是回程時搭火車。當火車站已經在望時，我覺得旅途已經結束，所以就開始想當天傍晚預定舉行的一場說明會。突然間，我的車輪陷進電車車軌的溝道中，我摔下車，四腳朝天地跌在一個交通繁忙的十字路口。儘管我走運，沒有被車撞到，但鼻青臉腫、血跡斑斑，自屬難免。

如果我當時專心騎車，就可以像同行那些友人一樣，隨便轉一個角度就輕鬆越過那條火車軌溝。在那次事件以後，我下定決心，以後騎自行車，一定要全神貫注在路面上。

把時間往前快轉幾年，那也是一次週日例行的自行車之旅。一位騎在旁邊的友人，跟我談到他即將展開的印度之行，我們兩人逐漸落在同行一群人的後面。談完這段對話時，我想建議他改變行程，但一時想不起「位在班加羅爾南方那座美好城市」的名稱。我開始加快車速以趕上前面的人，一方面想著印度，在腦海中思索那座城市的名字。突然間，我撞上一道似乎足足有三英尺高的牆，我的車翻了一百八十度，我的頭與肩膀著地，重重地摔在路中央。與我交談的那位友人，立刻攔住過往車輛，把我攙扶到路邊。我的頭盔整個撞爛了，肩骨脫臼，流了一頭一臉的血。喔，對了！那座城市是「邁索爾」（Mysore），這一跤還把我的記憶力給摔出來了，妙吧？

我以爲自己撞上的那座三英尺高的牆，其實是一座設在三叉路口、三英寸高的三角形交通分隔島。三十幾年來，我幾乎每逢週日都會騎車繞經那個島，從未發生過任何事故。沒錯，我破壞了自己騎自行車一定要全神貫注的誓言。

集中注意力在人生許多地方都很重要，就算你不騎自行車，集中注意力也能爲你常保安全。我談的不只是開車、溜滑板、溜直排輪、開飛機、跑步、走路或其他形式的體力活動，還包括人生的每一個層面。就像你爲人生賦予意義一樣，你也爲你一切的活動賦予意義。除了體力活動之外，你的情緒與知識活動，同樣也需要你的注意力。如果不加留神，就算你曾經多次安全通過，最後仍有可能撞上那座三英尺高的牆。而且，這類因疏忽而造成的事故，其實不能算是「意外」事件。

那眞的與你無關

我們經常誇大、以爲自己對別人的生活與行動很有影響力，這也是我們在解決問題與其他生活事項之所以出錯的另一個原因。我們需要了解，其他人並不關心我們留什麼髮型、穿什麼衣服，因爲他們連忙自己的事都忙不過來，哪還有閒情逸致來管我們的事？世人大致只關心自己的生涯與問題，不會關心你的問題。儘管如此，許多人還是認爲自己是其他人行動的主因。

有句話「那跟我無關」，頗有幾分實用的道理。我經常發現，每當我以爲自己是另一個人的行爲或情緒的主因時，事後我都會發現，他們的行動其實與我無關。甚至，面對不久前一次海外旅途中發生的事，我需要用這句話來提醒自己。

當時，我要到智利首都聖地牙哥發表幾場演說，然後在航行智利南方外海的一艘船上，共同主持一場爲期五天的研討會。我太太露絲對她必須獨自度過兩週很是不快，儘管我在離家時也感到有些不安，與她道別的氣氛也有點緊張，但我並不擔心她會出什麼事。

抵達智利以後，我一連發了幾封電子郵件給她。隔了三天，我都沒有接到回覆，我想她多半在生我的氣。所以，我打電話給她，心想直接對話是澄清事情最好的辦法。但是，她沒有接電話。我留了言，要她回我電話，如此反覆了四次。她還是沒有回電話，我很確定，她一定是在生我的氣。於是，我打電話給我們的兒子艾利奧特，要他打電話給她。只要是他的電話，她一定會接的。不久後，艾利奧特打電話給我，說他打了電話，但也聯絡不上她。我開始非常擔心了。

我要艾利奧特聯絡露絲的朋友。他聯絡上的幾位朋友，都說他們不知道露絲在哪裡。艾利奧特從我們的鄰居那裡，得知露絲的車子仍然停在那處沒有牆的車庫中。鄰居進入我們的屋內查看，一切看來並無異樣，只是不見露絲的蹤跡。

此時，距離我預定從聖地牙哥搭機往南上那艘船的時間，已經不到幾個小時了，我得決定是否取消這趟行程回家。在最後一刻，艾利奧特找到她了，她生病了，由一位友人送去住院。

露絲在這段期間，也一直在給我們發電郵，還一直納悶怎麼沒有人回覆。後來她才發現，由於她用的新智慧手機並未與醫院的 Wi-Fi 系統適當連線，所以她根本沒有收發任何郵件。

等我回到家的時候，露絲已經康復。她並沒有生我的氣，如果我當時能夠記住「那跟我無關」這句至理名言，我就不會有那麼大的誤會，那麼著急了。

輪到你了

今後，每當事情發生，你認爲別人的行動與你做了什麼或與你沒做什麼有關，請對自己說：「那跟我無關。」然後，注意你自己的感覺。如果可能，也了解一下別人的感覺。你可以多做幾次試試看。

動機

動機是解決問題過程的主要核心。有一次，我在中國停留了將近一個月演講授課。在結束中國行之後，我回到史丹佛，在開學的第一天站在教室前面，看著一群在那裡「選購」要修哪些課的研究生。我的職責是鼓勵他們，要他們有耐心在我的班上完爲期十週的課。當時，我腦海中浮現的，是這些研究生在最後一堂課要塡寫的一份問卷上的一個問題：「從一分到五分，請爲這位教師打分數。他是否能夠激勵你，讓你盡全力發揮？」

在我們的系統中，激勵學生是老師的責任。如果我不能激勵他們，就沒有盡到我的責任。我首次感覺到這件事很荒謬，研究生是否上進，居然是我的職責？在訪問中國的期間，我接觸到許多非常自覺、奮發向上的學生。這段經驗與我在史丹佛自己班上所見的，有著天壤之別。

我那趟中國之旅，是在中國與美國關係正常化不久後展開的。中國當時正興起學英語的熱潮，無論我去哪一座城市，每次走出旅館，門外總是守著一堆想練習英語的人。他們的學習熱忱很令我感動，有好幾次，我就這樣坐在街上，面前好幾個人對著我大聲朗讀，由我替他們糾正發音。

幾年後，當我開始參加火人祭的活動時，自勵的力量再次讓我感動。我看到數以千計的人，投入大量時間與勞力，有時還花許多錢，用心創造一些沒有商業價值的東西。他們這麼做，只是爲了尋求一種自我滿足感，也是爲了讓朋友開心。他們認爲自己做的東西很酷，向人展示這些東西，讓他們感覺很得意。我再次想到，這與我身爲教師的經驗，形成強烈的對比。

我們的教育系統，往往用獎賞當作鼓勵誘因，最立即的獎賞就是成績。一旦拿到一定的成績，你就能獲得這個系統的最高獎賞——學位。問題是，這種獎賞基本上是外在的，不是本質性的。對許多學生而言，學位非常有幫助。對他們來說，拿到學位就像在一份可憎的工作上辛苦賣命了一整週，終於攢夠了錢、能在週末逍遙一下。這種系統並沒有給他們自我激勵的工具，它或許爲學生提供一些英雄式的角色典範；不幸的是，對大多數的學生而言，這些典範代表的是一種仰之彌高、可望而不可及的生活方式。無論他們拿到多高的成績，他們所受的教育可能讓他們缺乏焦點、缺乏方向，更缺乏信心。許多人在畢業以後一片茫然，不知道自己究竟能夠做些什麼。我們的教育系統，並不能幫助學生建立本質性的自勵動機。在這種體制下，學生一般沒機會做一些對他們有切身關係，能讓他們覺得眞正重要的事情。

我發現，以專案爲基礎的學習，能夠大幅增加本質性的自勵動機。我這些有關學生動機的經驗，主要來自我在一所精英名校的經驗。過去，在我們做兩週一期的創意研討會的那個年代，我們經常聽到有人說：「沒錯，你們在史丹佛這麼做可以行得通，但你們不知道換在我們那間學校，這一套根本就是不可能的。」在第一年結束後，我們找到一個辦法解決這種顧慮。在第一週的研討會行將結束時，我們會放映一部名叫《爲人師表》（*Stand and Deliver*）的電影。這是一部根據眞實故事改編的影片，內容講述中學數學教師傑姆．艾斯卡蘭提（Jaime Escalante），如何藉由激勵、改變動機，讓賈菲德中學（Garfield High School）那些成績與經濟條件都不佳的學生力爭上游，終於寫下卓越的成果。賈菲德中學位於東洛杉磯，當地主要是西班牙裔聚居的貧民區。

過程中，幾乎所有事情都在跟艾斯卡蘭提作對：學校行政當局一開始反對他的做法，學生得不到家庭的支持，他沒有正面的角色典範可資運用，學校的資源非常有限。但艾斯卡蘭提擁有一項重要的武器，就是他自己的動機，他想讓學生成功。決心改變現狀的艾斯卡蘭提，說服了願意聽他話的幾名學生，讓他們相信，只要擁有適當教育，他們可以掌控自己的前途，還讓他們報名進了一個新開的微積分班。艾斯卡蘭提最後創辦了一個數學課程，每年都有好幾班學生念完這個課程，而且這些學生幾乎全數都能通過極具挑戰的AP微積分考（Advanced Placement Calculus Examination）。

這是一部賺人熱淚、值得觀賞的電影，它與我們鼓勵研討會學員奮發進取的宗旨吻合，它也能激勵你奮發進取。參加過這些研討會、看過這部影片的學員，在結業離開時，都有一項覺悟：艾斯卡蘭提所處的環境，比我所曾面對的惡劣那麼多倍，他既然能有如此成就，我怎能再以環境不支持爲藉口，推諉不前？

成爲事情的主宰

就像我在中國與史丹佛的經驗，內容都不只是有關教書一樣；艾斯卡蘭提的故事談的，也不僅是教育而已。這些故事談的都是人類經驗，它們與一切人性互動、與人生在世各行各業都息息相關。它們與你我的家庭狀況有關，與夫妻檔小生意有關，與新創企業有關，與大公司也有關。無論你以什麼維生，無論你擁有或沒有什麼職銜，都無關緊要；我們都必須面對如何做好工作、如何好好生活這類議題。

「成爲事情的主宰」(being the cause in the matter)，意指無論你處理什麼事，無論你的人生發生什麼事，甚至是看起來並非完全在你掌控中的事，你仍然對所有的事情負起全責。它是一種選擇後的宣言，表示你不願在人生旅途中，扮演消極、被動的角色，你選擇主宰自己的前程。不論需要付出什麼代價，也不論你能找出多少言之成理的推諉「理由」，你都決心做好自己的工作。

在我訪問中國的期間，我在一輛長程火車上，發現到車窗很髒。我可以向列車長投訴，也可以自己生悶氣就好，但我利用靠站的休息時間，去要了一桶水，自己把車窗清洗乾淨。我決心要做我這趟旅途的「事情主宰」。如果你因爲等待別人行動而錯失了機會，想想看，爲你自己的經驗負責，是多麼正面的一件事。

儘管我們素昧平生，這本書談的是「你」。我把自己的故事告訴你，希望我能夠激勵你，讓你以一種誠實、開放的心胸，觀察自己的人生。我認爲，你一定願意檢視你自己的經驗，也願意做適當的修正，讓自己未來的人生故事更加美好。這是這本書一切論據的基礎。

這本書提出了許多工具與概念，但只有你願意一試，它們才能眞正具有任何價值。請不要對它們有先入爲主的成見，你認爲它們好或不好都無關緊要，重要的是，請讓事實證明，它們是否對你的人生具有價値。抱持著一種願意一試的態度，給這些工具與概念一個機會，嘗試它們，不要不嘗試就認定自己已經知道會有什麼結果。不過，要嘗試事情，你需要付出注意力。

在付出注意力之初，你必須先注意你的行爲與互動。要注意你自己以及與你互動的人，觀察什麼管用、什麼不管用？哪些地方能夠做得更好？之後，將這本書分享的各種工具與練習，融入你的日常互動中，一一加以測試。你可以先選擇其中一個當作開端，之後再加上另外一個。

舉例來說，你可以注意自己與朋友如何使用理由，然後設法讓自己少用點理由，只說你必須說的話，不要設法將它合理化。就這樣，不斷地修正你的談話方式，直到你不再使用理由爲止。

接下來，注意你想的與你說的，在多少程度上顯然是一種投射反應。檢視你自己的投射反應，檢視的方法是，將你的想法或言談的主詞與受詞對調位置。仔細看一看，哪個版本更貼近事實？

如果你不能夠誠實地面對自己，這項投射反應的練習不會管用。有一次，一名學生對我說，這種投射反應練習對他不管用，我要他舉例說明，他告訴我，扭轉下列這個句子的主詞與受詞對他不管用：「我正在聽這個無趣的講者說話。他一直不斷地講，說的話卻沒有什麼意義。」我請學生對調這句話的主詞與受詞，他得到的是：「他正在聽我這個無趣的講者說話。我一直不斷地講，說的話卻沒有什麼意義。」

我問這個學生，他認爲經過對調的這句話，是不是有些眞相在裡面？他說：「沒有。」教室裡響起了一陣很清楚的竊笑聲，其他學生都沒想到他會這麼回答。依我們大家之見，這個投射版本似乎百分之百正確。這名學生經常不做好準備就來上課，爲了替自己圓謊，還經常編造一些長篇大論、荒誕不經的理由，逕自在課堂上講個不停，直到我設法打斷他的話爲止。顯然，他在觀察這個經過對調的句子時，不願意把眞相告訴自己。投射反應準確地描述了他的行爲，在我和他共同努力了一陣子之後，他笑著承認，或許這個投射反應練習，眞的有一些可供他思考的地方。

可惜的是，我不能守在你的身邊，協助你對自己誠實。你必須靠自己的力量來做。請相信我，這個投射反應練習很管用；如果它對你不管用，很可能是因爲你不願意面對自己的眞相。在這種情況下，不妨將練習中的用字稍微調整一下，再多試幾次。如果還是不管用，假想我就站在你身後，對你說：「請對你自己說眞話。」如果這麼做還是不管用，假想我站在你身後大叫：「狗屁！」

在你找到竅門，懂得如何察覺自己使用理由與自己的投射反應以後，請再往前踏出一步，設法減少你說「但是」的次數，選擇改說「而且」。然後，再嘗試這本書裡的其他練習。

憑藉你的觀察與明確的意願，你可以運用這本書的工具來修正自己的行爲。最後，你會覺得自己愈來愈完美。一旦這一刻到來，表示你又得從新開始，重複這些練習了。請回到原點，不斷地修正自己。這件事會讓你一直忙到你大限將至。最好的辦法，就是把這本書的內容，視爲你需要不斷服用的一種補品，或者至少將它視爲一種季節性藥劑，例如每年需要注射一次的流感疫苗，只打一針不能讓你終身免疫。

我在本書分享的，都是我的親身經驗之談。

某一年，我在瑞典休進修假，白天使用這本書提到的多項技巧，主持創意與問題解決研討會。到了晚上，我輾轉難眠，不知道自己是不是應該退休，因爲我當時已經快要屆滿正常的退休年齡。就在一次研討會中，我醒悟到，我沒有運用自己教的這些技巧，來解決我自己的問題。

那天晚上，我問自己：如果我退休，對我有什麼好處？

答案是：我可以不再擔心自己該不該退休的問題。我在那一瞬間發現，我花了六個月的時間，想的是錯誤的問題。現在，我終於有了眞正的問句：我該怎麼做，才能不再擔心退休問題？答案很明顯：不要去想就可以了。事隔十五年後的今天，我可以告訴你，從那天晚上至今，我沒有再想過退休的問題。

我浪費了六個月的時間，擔心自己並不眞正關心的事，而且是在我教其他人如何處理正確問句時犯下這樣的錯，讓我覺得自己眞的很蠢。

請別像我這麼蠢。要了解，你的心比你想像的更難以捉摸，而且它還一直和你的自我意識串通一氣，讓你以爲你比實際上做得更好。人性本來就是這樣，但你可以爲自己做到的是，只要你眞心想做，你可以留神控制你的意願與注意力，爲自己、爲身旁的人建立更好的人生。你可以選擇成爲你的人生的主宰，把成功變成一種習慣，努力過一個更好、更有意義、更讓自己滿意的人生。

我希望這本書，能夠協助你達成這些深具價値的目標。

謝辭

寫這本書爲我帶來意想不到的樂趣，書中這些資料多年來一直是我生命中重要的部分，不過直到最近幾年，我才動了與更多人分享這些想法的念頭。這些資料都是多年來不斷累積而成的，我很確定自己不可能全部記對提供這些資料的所有來源，不可能向他們一一申謝。無論如何，根據我的記憶，促使我寫這本書的主要原因是這樣的。

在史丹佛大學，我結識的最初幾位友人中，有一位是我的同事鮑伯・麥金（Bob McKim）。鮑伯認識麥克・穆菲（Mike Murphy），麥克是史丹佛的校友，也是位於加州大蘇爾（Big Sur）的伊沙蘭機構（Esalen Institute）的創辦人。麥克邀鮑伯組織一群史丹佛大學教授，在伊沙蘭舉辦一個週末取樣研討會，我也應邀與會。這是我親歷人類潛能運動的頭一遭，根據那次在伊沙蘭的經驗，史丹佛與伊沙蘭合作開了一門「伊沙蘭在史丹佛」的課程，內容包括週末在史丹佛校園舉辦由伊沙蘭學者主持的研討會。

在伊沙蘭的那個週末，我遇見道格·威爾德（Doug Wilde），他是一位很受學生歡迎的化學工程教授。他與妻子珍都是史丹佛的教授，住在史丹佛教職員宿舍。道格邀我當他的委任教授，他還建議與我合作，在宿舍開一門叫做「人類動力實驗室」（"People Dynamics Lab"）的課。這是一個以「伊沙蘭在史丹佛」課程爲基礎，深具實驗性質、只開一班的「實驗課」。這個班的學生必須選幾堂「伊沙蘭在史丹佛」週末課程，上課內容也是這些週末課程的延續。

在展開這個班的授課以後，我出席了很多次週末研討會。由於我一開始就非常喜愛相關內容，所以很快就能獨立授課，不再需要依賴「伊沙蘭在史丹佛」的教授們支援（這個課程在幾年之後結束。）鮑伯·麥金與道格·威爾德是我首先要感謝的兩個人，若不是他們的友誼與提議，這本書多半不會問世。儘管他們大多已經作古，我仍然要向福立茲·波爾斯（Fritz Perls）、威爾·舒茲（Will Schutz）與伊沙蘭研討會的其他幾位領導人致謝；我從他們身上學到許多東西。我還要感謝約翰·史蒂芬斯（John O. Stevens），他寫了一本書，大量收錄伊沙蘭研討會使用的許多練習。我的研討會領導旅程在起步時，獲得這些練習之助甚多。

隔了幾年以後，我開了一個研究所版本的「人類動力實驗室」班。對於這項轉型過程，我的記憶早已模糊了，只記得友人吉姆．費迪曼（Jim Fadiman）當年對我說，我這麼搞下去遲早會精神分裂，我需要在工程、人性潛能與政治之間擇一而事。儘管吉姆是心理學家，我仍然對他說他錯了，我說工程、人性潛能與政治這三者都是我的人格特性，只是表現方式不同罷了。不僅如此，我還要將這三者合而爲一，開一門課來證明他錯了。我爲這門課取了一個名字，叫做「個人與科技」（"The Individual and Technology"）。吉姆已經不記得這件事了，我也無法確定實際過程是否如此，但無論如何，我要爲多年的友誼與同事之情向吉姆申謝。

幾年後，我將這門課改名爲「社會設計師」。我要感謝所有上過這門課的學生，無論他們上的課程名稱是什麼。其中有些學生成爲我的好友，還有一些學生與我不時巧遇。他們告訴我，多年來，他們從這門課中學到的一些經驗，已經成爲他們生命中的寶藏，這讓我非常感激。與他們的會面令我感徹肺腑，是我寫這本書的重大動力。

基於另一個重要原因，我要再向鮑伯．麥金致謝：他將我介紹給艾哈德研討訓練營，以及訓練營創辦人華納．艾哈德。我從華納與他的工作中學到許多東西，對我來說，這個訓練營彷彿建立了一個知識架構，把我從伊沙蘭得到的點點滴滴融會貫通。我與華納和他的副手們合作主持了幾次研討會，這也讓我獲益匪淺。三年前，我參加了一個由華納、麥克・金森（Michael Jensen）與卡利・葛蘭格（Kari Granger）共同主持的領導研討會，距離上次與華納共事已經事隔二十二年，那次的經驗讓我再次體驗到，他的風格與內容對我的教學影響之深。得蒙他的教誨與友誼，讓我非常感恩。

琳・瓊斯頓（Lynn Johnston）不僅是一位出版經紀人而已，她還協助我將原本雜亂無章的手稿，整理成立論清楚、條理分明的書稿。若是沒有她，這本書一定沒有今天這種重點與層次分明的面貌。她將專業技能與熱情挹注這本書，我對她的貢獻與專業深表謝忱，能夠和她一起工作是一大樂事。

我的企劃編輯琴娜・葛拉澤（Jenna Glatzer），也是一位令人欣喜的好同事，我非常感謝她的專業提點與技巧支援。儘管工作行程滿檔，她總是抽出時間，爲我提供迫切需要的指導。她的周詳思緒，在這整本書的各個角落都留下痕跡。

我也要感謝史丹佛設計群的同事，多年來他們一直與我榮辱與共，爲我的工作提供支援環境。我要特別感謝雪莉・謝巴德（Sheri Sheppard），她花了許多時間爲我審讀這本手稿前幾章的兩份初稿。我也要特別感謝大衛・凱利（David Kelley），他邀請我參加史丹佛設計學院的創辦，還讓我在設計學院草創之初使用他畫的心智圖。

我在設計學院的幾位同事，也讀了我的手稿，並且提供一些非常有幫助的結構性建議，雖然這些建議有時彼此完全矛盾。在這裡，我要向湯瑪斯・鮑斯（Thomas

Both）、史考特・多利（Scott Doorley）、裴瑞・克里邦（Perry Klebahn）、亞當・羅耀提（Adam Royalty）與傑勒米・阿特利（Jeremy Utley）致謝。艾美・考拉沃（Emi Kolawole）不僅克盡己職，還爲我進行全面性的文字修飾，讓這本書更加淺顯易讀，我眞心感謝她。凱翠雅・歐尼爾（Caitria O'Neill）慷慨地幫我與出版社牽線，莎拉・斯坦・葛林伯格（Sarah Stein Greenberg）大力支持我的寫作案，我要在此深表感謝。

此外，我要特別提及湯瑪斯・鮑斯，謝謝他在非常短的時間內，爲這本書做了這麼精美的插畫與封面設計概念。他在創作的過程中給予我大力支持，但這項插畫與封面概念設計的新任務，無論在時間與創意上，對他的要求之苛都已經近乎吹毛求疵。他義無反顧地在我最需要的一刻湧身相助，讓我非常感念。

湯瑪斯・鮑斯在出版社那邊做了一個原型之後，提了幾款封面讓我們選擇。在封面設計的過程中，他邀請史考特・多利、夏洛特・伯吉斯・奧本（Charlotte Burgess Auburn）與史黛西・葛雷（Stacey Gray）做他的主要顧問。此外，他還獲得賈斯汀・費雷爾（Justin Ferrell）、克利斯・福林克（Chris Flink）、艾西什・高爾（Ashish Goel）、馬克・葛倫伯格（Mark Grundberg）、席穆斯・哈特（Seamus Harte）、艾美・考拉沃、丹尼爾・克勞斯（Danielle Kraus）與艾利克・奧利松（Erik Olesund）提供的珍貴建議，我非常感謝這些伸出援手的朋友。

比爾・史考特（Bill Scott）畫了書內插畫的草稿和一個封面的草稿，並且爲這本書的初稿提供了美學建議。在與我們會面時，他和他的狗經常逗得露絲與我開心不已。儘管那麼忙，他總是大方抽出時間，爲這本書貢獻他的才賦與見解，我很感激。

我也要感謝哈康・費斯德（Haakon Faste），他花了很大的功夫，複製他父親羅夫・費斯德的一份畫作，並且同意讓我使用他父親的畫作。

安・戴維森（Ann Davidson）、我兒子艾利奧特・羅斯（Elliot Roth）、瑪西雅・羅托洛（Marcia Ruotolo）與董納達・史派特（Donalda Speight）很有耐心地看完整本書稿，還幫忙做細部結構與文字的刪修。此外，我的妻子露絲・羅斯與她的讀書會，也爲我提供了有用的編輯建議。

同時，我非常感念在當初動筆時，從布倫納（R. B. Brenner）那裡獲得的鼓勵與指導。派帝・赫希(Paddy Hirsh)介紹我認識他的經紀人，巴利・凱茲(Barry Katz)、婷娜・希莉格(Tina Seelig)與道格・威爾德爲我大力引薦他們的編輯，我也在此銘謝。拉賈・納里塞蒂(Raju Narisetti)介紹我認識琳・瓊斯頓，對此我由衷感謝。吉姆・亞當斯(Jim Adams)、湯姆・考斯尼克（Tom Kosnick）、道格拉斯・瑟利（Douglas Sery）、鮑伯・蘇登（Bob Sutton）與凱特・華爾（Kate Wahl），與我分享他們對出版之路的看法，我要在此一併申謝。

我的英文出版社哈潑柯林斯（HarperCollins），我要特別感謝我的編輯考琳・勞瑞（Colleen Lawrie），謝謝她對這件案子的支持，也謝謝她的專業編輯與指導協助。美蘭達・奧提維（Miranda Ottewell）幫這本書做了周詳而徹底的文稿編輯，我要在此致謝。

最後，我要感謝我的家人，還有在這本書裡提到的所有朋友與同事。由於和你們的互動，我才有了寫這本書的題材，也才能享有豐富、充實的人生。謝謝你們。

注釋

前言 黃眼睛的貓

1. 這門課原本取名爲「個人與科技」（"The Individual and Technology"），四年後我重新修訂，將名稱改爲「社會設計師」。不過，這兩個課程名稱，都不能適當描繪出課程內容。
2. "Forget B-School: D-School Is Hot," *Wall Street Journal*, Jan. 7, 2012.
3. 舉例來說，請參見提姆．布朗（Tim Brown）所著之《設計思考改造世界》（*Change by Design*）。
4. Snell Putney and Gail J. Putney, *The Adjusted American: Normal Neuroses in the Individual and Society* (New York: Harper & Row, 1964).
5. 「設計思考」過程的另一版本不用同理心，用的是了解與觀察。常有人將這種過程的特性稱爲「觀點」（point of view, POV）。在這個案例中，「設計思考」的過程是：了解、觀察、觀點、發想、原型實作與測試。

1 拋棄舊思維，一切與你想像的都不一樣

1. 世人比較關心的是他們的自我形象，而不是他們的行動。See experiments reported in Christopher J. Bryan, Gabrielle S. Adams, and Benoît Monin, "When Cheating Would Make You a Cheater: Implicating the Self Prevents Unethical Behavior," *Journal of Experimental Psychology: General* 142, no.4 (2013): 1001-5.
2. Carol Dweck, *Mindset: The New Psychology of Success* (New York: Random House, 2006), p.6, emphasis in original.
3. 在YouTube上輸入「Professor Poubelle」，可以找到相關影片。
4. 史丹佛心理學教授亞伯特．班度拉（Albert Bandura）與他的同事，在許多著作中都曾討論過「自我效能」的概念，尤其可參考下列一書：Bandura, *Self-Efficacy: The Exercise of Control* (New York: W. H. Freeman, 1997)。
5. Kenneth P. Oakley, "Skill as a Human Possession," in *A History of Technology*, ed. Charles Singer, E. J. Holmyard, and A. R. Hall (New York: Charles Scribner's Sons, 1954), 1: 2-3.
6. 唐吉教授在他的電視影集《超級腦》（*Super Brain*）中，建議採取這些步驟。也可參見他和狄帕克．喬布拉（Deepak Chopra）與魯道夫．譚茲（Rudolf E. Tanzi）合著的《超腦零極限》（*Super Brain*）。

2 理由都是狗屁，學會爲自己負責

1. 參見：Eric Hoffer, in *The Passionate State of Mind and Other Aphorisms* (New York: Harper & Brothers, 1955)，其中第七十句箴言說得最好：「我們對自己說謊時，說得最大聲。」

3 二十二個小技巧，打開你的創意腦

引文：這是羅夫．費斯德很愛說的一句話，它徹底顛覆了一般有關「做」的老生常談。對我來說，這是一句非常好的警語，告誡我們在誤將答案視爲問句時，千萬不要一味地往前衝。

1. 「觀點」的定義有幾種不同的說法，其中一種最常用的說法是：用一個名詞來描述一個特定人士，再用一個句子說明一種需求，然後用適當詞語指出解決辦法需要完成什麼（不是怎麼完成！）舉例來說：有一位窮苦的單親媽媽，需要理財技巧，以便學習如何更有效地使用她的金錢。
2. 舉例來說，可參見：Vijay Kumar, *101 Design Methods* (New York: John Wiley & Sons, 2013)。
3. 哈密頓後來寫信給他的兒子，說明他的發現過程：「你母親與我一起沿著皇家運河散步。儘管她與我有一搭沒一搭地說個不停，我腦海裡卻暗潮洶湧。這股暗潮終於浮現，我立刻察覺它的重要性。」信件日期爲一八六五年八月五日，可參見羅伯特．格雷夫斯

（Robert P. Graves）所著的哈密頓傳記。

4. 清單的構想似乎來自約翰．阿諾（John E. Arnold），他是麻省理工學院與史丹佛的教授，他眞的做了幾幅用插畫說明每種變化的紙牌。紙牌上的插畫都是手繪的，用於他的班上與爲客戶提供顧問的過程中。不過，市面上似乎沒看到有這類紙牌產品。

5. 可參見：S. I. Hayakawa and A. R. Hayakawa, *Language in Thought and Action* (San Diego: Harcourt, 1991)。

5 動手做，就算失敗也是一個禮物

1. 當結果與既有範例不切合時，想用實驗驗證很難，可參見：Henry M. Collins and Trevor Pinch, *The Golem: What You Should Know About Science*, 2nd ed. (New York: Cambridge University Press, 2012)。這本書提出了幾個個案研究，說明實驗性研究的效能，極度依賴它們是否與既有範例切合。兩位作者討論了一些著名實驗，其中一些實驗並不能確切證明它們宣稱的事，但由於與當時的信念切合而獲得接納，還有一些實驗由於不能與當時的信念切合而未獲得接納。

6 語言文字有魔力，懂得溝通很重要

1. 原始意義取決於一項事實：所謂的「證明」（prove）指的是「測試」（test），而不是「確認」

（confirm）。所以，它事實上意指只要有一個例外（即一個反證），已經足以否定整條規則。我選用的詮釋是，「證明」意指「確認」。

2. 演員都知道，除了台詞語氣，表演動作（即肢體語言）也很重要。在接受美國公共電視網（Public Broadcasting Service, PBS）脫口秀節目《查理．羅斯》（*Charlie Rose*）同名主持人訪問時，奧斯卡獎得主、影星達斯汀．霍夫曼（Dustin Hoffman）表示，他在扮演《午夜牛郎》（*Midnight Cowboy*）中那位妓男、《雨人》（*Rain Man*）中那位自閉症哥哥，以及在《窈窕淑男》（*Tootsie*）中男扮女裝時，都曾經沮喪到想要放棄的地步。之後，都因爲遇見某個帶來啓發的人，在那個人的身上找到了靈感，才終於有所突破、把角色演好。

3. 高登是美國臨床心理學家，是人本主義創始者卡爾．羅傑斯（Carl Rogers）的同事，也是公認教授溝通技巧與衝突解決方法的先驅。他研發的這個模式，一般稱爲「高登模式」（Gordon model）或「高登方法」（Gordon method），是一種用來構建、維護有效關係的溝通風格。

7 培養群體習慣，這些方法你用得著

引文：這是我與哈洛的一段眞實對話，發生在Facebook或Twitter等社群媒體出現以前很久。與今日那些有社群媒體上癮症的人相比，哈洛的態度顯然很諷刺。就性格而言，我贊成哈洛，我實在不喜歡讓陌生人（還有大多數朋友）知道「我的事」。

1. 我的同事道格・威爾德（Doug Wilde）教授，主張使用人格類型來組建團隊。他寫了三本書描述他的做法，其中最新的一本是：*Teamology: The Construction and Organization of Effective Teams* (London: Springer-Verlag, 2009)。

2. 想了解更多詳情，請參見：Gordon, *Synectics* (New York: Harper, 1961)；George M. Prince, *The Practice of Creativity* (New York: Collier, 1970)。

3. 到了二〇〇五年，機械工程系已經從三個組成長到五個組。之後，系主任認爲「組／部門」（division）這個字，太有山頭割據的意味，於是將「組」改爲「群」（group），設計組現在叫做設計群就是這麼來的。

4. 想進一步了解用競爭當作激勵手段的負面效應，請參見：Alfie Kohn, *No Contest: The Case Against Competition* (Boston: Houghton Mifflin, 1986)。

8 設定自我形象，做個更棒的人

引文：這句話有許多出處，也有許多版本。我在這裡引述這句話的用意，不是要人別冒險以免犯錯，而是不要忘了傲慢之惡。

1. 想進一步了解與社會力有關的、促成婚姻的人生階段，可參見：Gail Putney Fullerton, *Survival in Marriage* (New York: Holt, Rinehart and Winston, 1972)，內有詳細分析。

2. 艾吉里斯是哈佛大學商業與教育研究所詹姆斯・科南特（James B. Conant）講座教授，這句話出自他的文章：“Teaching Smart People How to Learn,” *Harvard Business Review*, May 1991, p.103。

3. 可參見大衛・凱利與湯姆・凱利（Tom Kelley）合著的《創意自信帶來力量》（*Creative Confidence: Unleashing the Creative Potential Within Us All*）一書。

4. 「眞程序」使用意象導引，與其他一些自我認知的方法有關。完形治療（Gestalt Therapy）、原始吶喊療法（Primal Scream Therapy）、心靈動力法（Mind Dynamics）、西瓦心靈術（Silva Method），以及山達基教派（Scientology）的「聽析」（Auditing）做法等，都運用了這類自我認知方法。

9 人生是一連串的冒險，把格局放大一點

引文：《經過調適的美國人》一書曾引述尼采的這句話，我在這裡引述這句話有兩個用意。首先，該書爲我帶來寫這本書的第一個動機，我在此引述表示敬意。其次，它暗指就算我們活在一個瘋狂的世界裡，神志正常的人生仍是正常途徑；我喜歡這個說法。

1. Kurt Vonnegut, *Player Piano* (New York: Doubleday, 1952).
2. Harry Braverman, *Labor and Monopoly Capital* (New York: Monthly Review Press, 1974).
3. 根據馬哈德夫・迪賽（Mahadev DeSai）的引述，甘地於一九二四年在德里說了這段話。這段話也收錄在下列這本書的序文中：Mahatma Gandhi, *Hind Swaraj or Indian Home Rule*

(Ahmedabad, India: Jitendra T. Desai/Navajivan, 1938), pp.5-6。

4. E. F. Schumacher, *Small Is Beautiful: Economics as if People Mattered* (New York: HarperCollins, 1973).

5. 出處同前，參見該書第五十六頁到第六十六頁。

6. Lawrence Weschler, *Seeing Is Forgetting the Name of the Thing One Sees* (Berkeley: University of California Press, 1982).

7. 哈維．史瓦杜（Harvey Swados）在短篇小說〈喬，消失的美國人〉（"Joe, the Vanishing American"）中，對於人在嚴苛的裝配線環境中爭取個人自主的奮鬥，有著極爲生動的描繪。由小亞瑟．路易斯（Arthur O. Lewis, Jr.）編撰的《人與機器》（*Of Men and Machines*; New York: E. P. Dutton, 1963）收錄了這則故事，以及其他五十四篇描述人與機器的關係、堪稱經典的作品。

8. 引述自沃斯爲下列著作所寫的序文：Karl Mannheim, *Ideology and Utopia* (New York: Harcourt Brace, 1936), p.xxiv。

10 把成功變成一種習慣

引文：羅夫．費斯德將這句話稍加變化，成爲「類型僵化可能導致藝術『失敗』」，我比較喜歡這個說法。

停止抱怨、動手做，掌控你的人生。

國家圖書館出版品預行編目(CIP)資料

史丹佛大學設計學院創辦人教你：把成功變成習慣——
全球頂尖名校教授執教50年提出的10項人生忠告／
博納德．羅斯（Bernard Roth）著；譚天譯.
-- 初版. -- 臺北市：大塊文化, 2015.12
336 面；14.8x20 公分. -- (Touch ; 61)
譯自：The achievement habit : stop wishing, start doing, and take command of your life
ISBN 978-986-213-666-9(平裝)

1.自我實現 2.成功法

177.2 104022387

LOCUS

LOCUS

LOCUS

LOCUS